互联网发展对农村居民经营性收入的影响研究

李丽莉　张忠根　曾亿武　著

中国农业出版社

北　京

图书在版编目（CIP）数据

互联网发展对农村居民经营性收入的影响研究 / 李丽莉，张忠根，曾亿武著. —北京：中国农业出版社，2024.6

ISBN 978-7-109-32020-8

Ⅰ.①互…　Ⅱ.①李…②张…③曾…　Ⅲ.①互联网络－影响－农民收入－研究－中国　Ⅳ.①F323.8

中国国家版本馆 CIP 数据核字（2024）第 110043 号

互联网发展对农村居民经营性收入的影响研究
HULIANWANG FAZHAN DUI NONGCUN JUMIN JINGYINGXING
SHOURU DE YINGXIANG YANJIU

中国农业出版社出版
地址：北京市朝阳区麦子店街 18 号楼
邮编：100125
责任编辑：闫保荣　　文字编辑：何　玮
版式设计：小荷博睿　　责任校对：吴丽婷
印刷：北京中兴印刷有限公司
版次：2024 年 6 月第 1 版
印次：2024 年 6 月北京第 1 次印刷
发行：新华书店北京发行所
开本：700mm×1000mm　1/16
印张：11.5
字数：183 千字
定价：88.00 元

特别感谢美国斯坦福大学知名学者 Scott Rozelle、美国密歇根州立大学金松青教授以及浙江大学中国农村发展研究院老师们的指导和帮助，特此致谢！

本书的出版得到以下项目资助：

浙江省自然科学基金项目（编号：LQ23G030007）；

浙江省统计科学研究基地项目（编号：23TJJD10）；

浙江省属高校基本科研业务费专项资金资助项目（编号：GK229909299001－216）。

特此致谢！

前言

经营性收入是农村居民从事农业和非农产业的生产经营活动而获得的收入。改革开放以来，经营性收入在很长一段时间里一直是农村居民收入的主要来源。伴随着工业化和城镇化的不断发展，越来越多的农村居民外出务工并取得了较高的工资性收入，而经营性收入增长相对缓慢。新时期促进农村居民增收需要破解的一个重要难题便是：怎样在工资性收入稳步上涨的基础上，确保经营性收入有较快和稳定的增长。随着农村互联网的普及和应用，农村居民经营性收入增长迎来新机遇和新动力，这在局部地区已经有了直观的验证。然而，目前学术界对于互联网发展影响农村居民收入的研究不够，尚未对互联网赋能农村居民增收的作用形成较全面而深入的认识，造成理论落后于实践的情况。就现阶段研究进展和客观发展需要而言，进一步推动互联网赋能农村居民创业、实现农村居民经营性收入较快稳定增长，至少有以下三个问题仍亟待研究：互联网发展对农村居民经营性收入产生怎样的影响效应？互联网发展影响农村居民经营性收入的作用机制是什么？利用互联网实现农村居民创业显著增收的成功地区是如何触发并持续强化互联网赋能增收效应的？本书在文献综述的基础上，建立研究框架，阐释作用机理，结合统计数据、问卷数据和访谈资料，采用计量分析和案例研究方法对这三个问题进行了研究和回答。全书结构安排及相应的研究论断如下：

第1章，绪论。阐述选题依据，明确研究目标和核心内容，说明研究方法和数据来源，介绍研究思路和技术路线，指出可能的创新之处。本书的创新之处在于：一是构建互联网普及与互联网使用相结合的双层研究框架，既考虑宏观覆盖广度，又涉及微观行为深度，相互验证，形成对照和互补；二是引入市场分割、技术创新等新的机制解释视角；三是提出互联网使用的"工具性-情感性"2×2类别框架，研究行为组合的收入效应；四是使用更加合理的工具变量解决互联网普及率的内生性问题，以及使用计量与案例的方法组合实现大样本因果识别的同时聚焦成功地区的实践过程。

第2章，文献综述与研究框架。本章回顾互联网普及的宏观经济效应研究、互联网使用的居民经济效应研究、农村居民经营性收入影响因素研究等相关文献，总结已有研究的启示和不足，确定对互联网发展的观察采取互联网普及（宏观层面）与互联网使用（微观层面）的双重视角，构建互联网普及与互联网使用相结合的双层研究框架。两者结合研究不仅可以更加全面揭示互联网对农村居民经营性收入的影响效应及作用机制，获得更为完整和系统化的认识，并且可以相互验证，形成对照和互补，使研究的逻辑更为严密。

第3章，理论研究：互联网发展对农村居民经营性收入的影响机理。本章在界定核心概念的基础上，以市场分割理论、熊彼特创新理论、包容性创新理论、节俭式创新理论为基础，从市场分割和技术创新两个视角阐释互联网普及影响农村居民经营性收入的作用机理；以信息搜寻理论、信息贫困理论、人力资本理论、社会资本理论为基础，从信息获取、人力资本和社会资本三个视角阐释互联网使用影响农村居民经营性收入的作用机理。互联网作为信息时代一种新兴基础设施建设，不仅具有道路建设、交通运输等基础设施那种提高市场交易效率，促进降低自然性市场分割和技术性市场分割的直接作用，还能间接促进消除地方保护、优化制度设计，减少制度性市场分割，而市场分割的减弱有助于改善流通网络。互联网普及有助于促进全社会技术创新溢出、平台企业的包容性创新以及草根创业者的节俭式创新。互联网使用改善农村居民的信息获取，有助于降低农村居民的市场价格搜寻成本，提升其产品保留价格；有助于提高农村居民对接中间商时的市场地位、增强谈判力量，提升其产品成交价格；有助于增强农村居民识别和快速响应市场需求变化的能力，实现生产优化和敏捷供应。互联网使用通过产生结构赋权、资源赋权和心理赋权三方面作用促进提升农村居民的健康水平和智力水平。互联网使用还能促进提升农村居民的强连带关系、弱连带关系，以及填补农村居民与购买者之间的结构洞。

第4章，实证研究一：互联网普及对农村居民经营性收入的影响。本章基于省级面板数据，描述统计中国互联网普及率及其演变趋势、中国农村居民经营性收入及其演变趋势，以及互联网普及率与农村居民经营性收入的相关性，实证评估互联网普及对农村居民经营性收入的影响效应，并对其作用机制进行检验，进而围绕实证结果开展相关讨论。研究表明，互联网普及显著促进农村居民经营性收入增长，同时扩大了农村居民经营性收入的区域差距和群体内部差距，互联网普及对农村居民经营性收入的促进作用大于对工资性收入的促进作用；降低市场分割、提升技术创新是互联网普及影响农村居民经营性收入的重要机制；与互联网普及影响农村居民经营性收入的区域差异效应相对应的是，东部地区在互联网普及促进降低市场分割和提升技术创新上率先取得显著成效，而中西部地区仍需为互联网普及红利的释放积极创造条件。

第5章，实证研究二：互联网使用对农村居民经营性收入的影响。本章基于CFPS三期面板数据，描述统计中国农村居民互联网使用情况，实证评估互联网使用对农村居民经营性收入的影响效应，并对其作用机制进行检验，围绕实证结果开展相关讨论。研究表明，互联网使用能够显著促进农村居民经营性收入增长，互联网的赋能增收作用主要来源于工具性使用，情感性使用的赋能增收作用不大；在各种互联网使用行为组合中，"高工具性-低情感性"互联网使用的经营性收入增长效应最大，对于部分农村居民而言，适当调整互联网使用行为组合，增加工具性使用时间，减少情感性使用时间，将会更加充分地发挥互联网的作用，产生更好的赋能增收效果；互联网使用总体上扩大了农村居民内部收入差异程度；互联网使用通过促进信息获取、提升人力资本和丰富社会资本三个路径产生农村居民经营性收入增长效应。

第6章，实证研究三：互联网发展影响农村居民经营性收入案例研究。说明案例的分析目的和选择理由，介绍沭阳花木产业区"互联网+"发展历程以及花木农户的经济和生活变化，分别从触发机制和强化机制剖析互联网发展促进农村居民经营性收入增长的具体实现过程，以及围绕案例分析结果开展相关讨论。研究表明，互联网赋能农村居民经营性收入增长效应的触发主要是宏观层面的互联网普及、微观层面的互联网使用以及本地禀赋条件有机结合的结果。互联网普及通过发挥降低自然性市场分割、拓展和优化流通网络的作用，引致外部需求形式发生在线化迁移；与此同时，互联网普及激发了平台企业的包容性创新，形成了能够有效下沉到农村地区的互联网平台，为农村生产者与外部消费者实现线上对接提供了通道。互联网普及还促进了农村居民的节俭式创新，农村居民通过探索式创业学习以及基于内群体交往的知识溢出，有效地利用了本地的禀赋条件，完成内部供给方式的适应性调整。由于外部需求形式与内部供给方式实现了同步变迁和互补性匹配，因此成功触发了互联网赋能增收效应。互联网赋能增收效应的强化本质上是内部供给方式能够顺应外部需求形式的持续在线化迁移而进行相应的创造性调整，实现内外供需的累积性匹配。而有效实现内部供给方式的创造性调整，需要多方面同时发力：一是建立起知识溢出和知识转移互促互补的知识流动格局，农村居民开展更加深入的双元创业学习，持续推进节俭式创新；二是互联网平台企业持续开展包容性创新，不断开发更具适宜性和包容性的新业态、新模式、新平台；三是顺应互联网普及的发展趋势，当地政府形成互联网思维，及时提供所需的公共产品和公共服务，与"分工—市场"双向反馈循环作用形成互补，共同强化产业集聚效应，巩固和提升本地禀赋条件；四是互联网普及促进劳动力、人才和技术等要素下沉到本地，增强本地的互联网使用能力。

第7章，总结与展望。总结全书的主要研究结论，提出政策含义和实践启示，并指出本研究的不足，展望未来研究方向。本书提出了四方面的政策建议：第一，加快壮大农村网民规模，提高农村居民信息素养；第二，加大对中西部地区和农村低收入群体的政策倾斜力度；第三，促进平台企业包容性创新和农村网商节俭式创新协同发展；第四，积极打造具有互联网思维的现代服务型政府。

CONTENTS

目录

1 绪 论

1.1 选题依据

城乡经济发展呈现二元结构是发展中国家的基本特征，城乡居民收入差距过大是发展中国家的普遍现实（Lewis，1954；Todaro，1996）。农村居民的收入和福利水平持续明显落后于城市居民，不仅不利于发展中国家宏观经济的可持续增长，更给发展中国家社会的长期稳定造成威胁（Kibriya 等，2019）。中国作为世界上最大的发展中国家，虽然改革开放以来经济社会发展取得了举世瞩目的成绩，但在这一成绩的背后仍然存在着诸多结构性问题（Jiang 等，2011；Shin，2016）。进入新时代，中国社会主要矛盾已经转化为人民日益增长的美好生活需要和不平衡不充分的发展之间的矛盾。党的十九大报告提出实施乡村振兴战略，要坚持农业农村优先发展，按照"产业兴旺、生态宜居、乡风文明、治理有效、生活富裕"的总要求，加快推进农业农村现代化。生活富裕是乡村振兴战略的落脚点，乡村振兴的最终目标是实现农业农村现代化，满足城乡居民的美好生活需要，让农村居民过上幸福的生活。

收入是生活富裕的物质前提。提高农民收入，对于提高农民的生活水平、促进农业农村现代化具有重要意义，同时也是构建双循环互促新发展格局的重要条件。改革开放以来，中国农村居民收入水平得到显著提高。据《中国统计年鉴》记载，1978—2019 年农村居民人均可支配收入由 133.6 元增长到 16 020.7 元，约增长 120 倍[①]。但是，农村居民收入持续增长乏力、城乡居民收入差距较大等问题依然十分突出。近年来，农村居民收入增长已

[①] 2013 年之前国家统计局发布的指标是农村居民人均纯收入，2013 年开始调整统计口径，变更为农村居民人均可支配收入。本书在表述时统称为农村居民人均可支配收入。

经呈现放缓趋势，2011 年农村居民人均可支配收入较上一年增长 17.9%，而 2019 年这一指标降至 9.6%[①]。城乡居民收入差距自 2010 年以来总体呈缩小趋势，但差距依然明显，2019 年城市居民人均可支配收入是农村居民人均可支配收入的 2.6 倍[②]。围绕农村居民增收的促进因素，学者们开展了大量的研究，覆盖制度、技术、教育、金融、人才、组织、政策等方面（Shin，2012）。在经济增长速度不断放缓的新常态局势下，探寻农村居民增收的"新动力"，对促进农村居民增收、实现乡村振兴乃至构建双循环发展格局具有重要的理论与现实意义。

信息化是人类经济社会发展的必然趋势。在"四化同步"的框架中，农业农村现代化是基础，而信息化贯穿于农业农村现代化的全过程，是发展智慧农业、建设数字乡村的关键。中国政府相继提出了"互联网＋"和"数字乡村"等信息化发展战略，目的在于通过信息技术的普及与应用促进中国经济全面、协调、可持续发展。2018 年中央 1 号文件明确提出实施数字乡村战略；2019 年中共中央、国务院出台了《数字乡村发展战略纲要》，农业农村部和中央网信办联合制定了《数字农业农村发展规划（2019—2025 年）》，加快推进数字乡村建设；2020 年中央 1 号文件要求"开展国家数字乡村试点"；2021 年中央 1 号文件要求"实施数字乡村建设发展工程"。

数字乡村建设是推动中国农业农村现代化的新动力，其间伴随现代信息技术在农业农村经济社会发展中的综合集成应用，以及农村居民现代信息素养和技能的显著提高。近十年来，中国农村互联网经济发展十分迅速，互联网不断赋能农村居民，日益成为促进农村居民增收和城乡融合发展的重要途径（Zeng 等，2017；Qi 等，2019）。据统计，截至 2020 年 12 月底，中国网民规模已达到 9.89 亿，互联网普及率为 70.4%[③]。当互联网普及到一定程度，依托于互联网的各种技术成果和商业模式就会进入到一个加速应用的时期，进而深刻改变人们的工作、生活和思维方式以及经济社会的面貌。目前我国正在经历这样一个发展阶段。在农村，人们陆续对接互联网并使用互联网开展学习、工作、社交和购物，还有的农村居民使用互联网销售农产

---

①② 数据来源：根据《中国统计年鉴》提供的基础数据计算。
③ 数据来源：中国互联网络信息中心（CNNIC）第 47 次《中国互联网络发展状况统计报告》。

品、乡村工业品和手工艺品，甚至使用 Web 挖掘技术和大数据产品辅助经营决策。"淘宝村"、腾讯"为村"、农村微商、农村电商服务站、农村电商产业园、农资电商、农村直播电商、农村短视频带货等新兴平台和现象先后产生并得到快速发展（Avgerou 和 Li，2013；Leong 等，2016；Cai 等，2018）。以淘宝村为例，截至 2020 年 9 月，全国淘宝村数量增长到 5 425 个，广泛分布于 28 个省份①。中国互联网已开始深入到"三农"工作的诸多方面（万宝瑞，2015）。实施乡村振兴战略的过程中，要重视促进乡村全面融入信息化浪潮，让更多的农村居民学会依靠互联网，高效接受新政策、新技术、新思路和新商机（刘合光，2018）。

通常，农村居民的收入分为工资性收入、经营性收入、转移性收入和财产性收入。就现阶段而言，农村居民经营性收入受到互联网发展的影响最直接、最明显。经营性收入是农村居民从事生产经营活动所获得的收入。改革开放以来，经营性收入在很长一段时期里一直是农村居民收入的主要来源。伴随工业化和城镇化的不断发展，越来越多的农村居民外出务工并取得了较高的工资性收入，而经营性收入则表现为相对缓慢的增长，经营性收入占总收入的比重逐年下降。因此，新阶段促进农村居民增收需要破解的一个重要难题便是：怎样在工资性收入稳步上涨的基础上，确保农村居民经营性收入的较快稳定增长。乡村创业创新是全国"大众创业、万众创新"的重要组成部分，激发乡村创业创新热情，对盘活农村资源、带动农村就业、促进乡村产业振兴具有重要的积极意义。随着农村互联网的普及和应用，越来越多外出务工和求学人员选择返乡创业，农村居民经营性收入增长迎来新机遇和新动力，这在局部地区已经形成直观的验证。

实践发展离不开正确的理论指导和经验总结。然而，目前学术界对于互联网发展影响农村居民收入的研究不够，尚未对互联网赋能农村居民增收的作用形成较全面而深入的认识，造成理论落后于实践的情况。就现阶段研究进展和客观发展需要而言，进一步推动互联网赋能农村居民创业、实现农村居民经营性收入较快稳定增长，至少有以下三个问题亟待研究和探讨：①互联网发展对农村居民经营性收入产生怎样的影响效应？②互联网发展影响农

---

① 数据来源：阿里研究院《1%的改变：中国淘宝村研究报告 2020》。

村居民经营性收入的作用机制是什么？③利用互联网成功实现农村居民创业并显著增收的地区是如何触发并持续强化互联网赋能增收效应的？对这些问题进行研究，具有重要的理论意义和应用价值。理论上，本书研究有助于深化对互联网赋能农村居民增收效应机理和农村居民互联网使用行为规律的理论认识，弥补已有文献的不足，并为相关领域的后续研究提供借鉴；应用上，本书研究能够为相关政策的制定提供理论指导、实证依据和参考建议，为农村居民有效使用互联网提供经验启示，促进互联网更好地为乡村振兴服务。从国际视野上看，本书的研究还可以为发展中国家农村地区的数字红利问题提供来自中国的经验证据，并为其他发展中国家推动互联网赋能农村居民经营性收入增长提供借鉴。

1.2 研究目标和核心内容

1.2.1 研究目标

本书基于乡村振兴战略和数字乡村建设的大背景，关注农村居民经营性收入问题，专项考察互联网赋能的作用，试图实现以下研究目标：

第一，揭示互联网发展影响农村居民经营性收入的理论机制，从农村居民经营性收入视角提升对互联网助推乡村振兴的认识高度和深度；

第二，测度互联网发展影响农村居民经营性收入的实际效应，形成对现阶段互联网作用的客观评价，检验理论机制是否成立；

第三，聚焦通过互联网赋能实现经营性收入显著增长的成功地区，探索互联网赋能增收的具体实现过程，总结互联网赋能增收效应触发及持续强化的机制；

第四，为政府科学制定互联网政策和农村居民收入政策提供参考建议，为农村居民有效使用互联网提供经验启示。

1.2.2 核心内容

围绕上述目标，本书的核心内容具体安排如下：

第一，回顾互联网普及的宏观经济效应研究、互联网使用的居民经济效应研究、农村居民经营性收入影响因素研究等相关文献，总结已有研究的启示和不足，确立对互联网发展的观察采取互联网普及（宏观层面）与互联网使用（微观层面）的双重视角，构建互联网普及与互联网使用相结合的双层研究框架。

第二，以市场分割理论、熊彼特创新理论、包容性创新理论、节俭式创新理论为基础，从市场分割和技术创新两个视角阐释互联网普及影响农村居民经营性收入的作用机制，用描述性统计的方法分析中国互联网普及率及其演变趋势、中国农村居民经营性收入及其演变趋势以及互联网普及率与农村居民经营性收入的相关性，采用恰当的因果识别策略评估互联网普及对农村居民经营性收入的影响效应，并对互联网普及影响农村居民经营性收入的作用机制进行实证检验，最后根据研究结果对政府政策制定提出建议。

第三，以信息搜寻理论、信息贫困理论、人力资本理论、社会资本理论为基础，从信息获取、人力资本和社会资本三个视角阐释互联网使用影响农村居民经营性收入的作用机制，对中国农村居民互联网使用情况进行描述性统计分析，采用恰当的因果识别策略评估互联网使用对农村居民经营性收入的影响效应，并对互联网使用影响农村居民经营性收入的作用机制进行实证检验，最后根据研究结果对政府政策制定和农村居民实践提出建议和启示。

第四，以江苏省沭阳县花木产业区为案例，探索一个地区互联网发展促进农村居民经营性收入增长的具体实现过程，在介绍沭阳花木产业区"互联网＋"发展历程以及花木农户经济和生活变化的基础上，分别从触发机制和强化机制两个方面剖析互联网发展促进农村居民经营性收入增长的具体图景及其动态呈现过程，最后根据研究结果对政府政策制定和农村居民实践提出建议和启示。

1.3 研究方法和数据来源

1.3.1 研究方法

（1）理论演绎法。以某理论作为大前提，以在该理论范围内的已知事实为小前提，演绎推导事物的未知部分，形成判断或假说的思维方法称为理论演绎法。本书以市场分割理论、熊彼特创新理论、包容性创新理论、节俭式创新理论、信息搜寻理论、信息贫困理论、人力资本理论、社会资本理论为基础，对互联网普及影响市场分割和技术创新的作用机理以及互联网使用影响信息获取、人力资本和社会资本的作用机理进行演绎推导，形成定性认识。

（2）描述统计法。描述统计是指通过使用图表或数学方法对数据资料进行整理、分析，并对数据的分布状态、数字特征和随机变量之间的相关关系进行估计和描述的方法。本书在中国互联网普及率及其演变趋势、中国农村居民经营性收入及其演变趋势、互联网普及率与农村居民经营性收入的相关性、中国农村居民互联网使用情况、机制变量的测度及其描述统计等部分，将会运用描述性统计方法进行分析。

（3）计量分析法。在数据质量良好的基础上，计量经济学分析方法能够为经济变量之间的因果关系识别提供有力的证据，是应用非常广泛的主流定量研究方法。本书基于省级面板数据和中国家庭追踪调查数据，先后采用混合回归模型（POLS）、随机效应模型（RE）、固定效应模型（FE）、工具变量回归模型、分位数回归模型、倾向得分匹配与双重差分相结合（PSM - DID）等计量方法实证分析互联网普及和互联网使用对农村居民经营性收入的影响效应及作用机制。

（4）案例研究法。案例研究方法在社会科学研究方法中占据重要位置，在某些特定的情况下，其具有无法被替代的独特优势。本书将以江苏省沭阳县花木产业区为案例，探索一个地区通过互联网赋能农村居民经营性收入增长的具体实现过程，在对互联网普及和互联网使用影响农村居民经营性收入的作用机制进行再验证的同时，总结其成功经验，提炼互联网赋能增收效应的触发机制与强化机制。本研究将尽量对案例进行详细描述和系统理解，对所处的情境脉络与动态的相互作用过程加以剖析，这有助于获得较全面与准确的结论。

1.3.2　数据来源

（1）公开统计数据。在互联网普及影响农村居民经营性收入的实证研究部分，本书采用了 2005—2018 年 31 个省份的平衡面板数据。其中，2005—

2016 年各省（区、市）互联网普及率数据来源于中国互联网络信息中心（CNNIC）发布的历次《中国互联网络发展状况统计报告》，2017—2018 年各省（区、市）互联网普及率数据来源于网宿科技发布的《网宿·中国互联网发展报告》；被解释变量、控制变量和机制变量的基础数据来源于国家统计局出版的历年《中国统计年鉴》。

（2）中国家庭追踪调查数据。在互联网使用影响农村居民经营性收入的实证研究部分，本书采用了 2014 年、2016 年和 2018 年的中国家庭追踪调查（China Family Panel Studies，以下简称 CFPS）三期面板数据。CFPS 数据由北京大学中国社会科学调查中心（ISSS）采集和发布，2010 年开始在全国进行基线调查，此后每两年进行一次追踪调查，样本范围覆盖 25 个省、自治区和直辖市。截至书稿完成之时，ISSS 总共采集发布了 2010 年、2012 年、2014 年、2016 年、2018 年等五轮调查数据。其中，2012 年问卷没有涉及互联网使用，2010 年问卷虽有涉及但测度内容或选项与最新三轮问卷有所不同，因此，本书仅观察 2014 年、2016 年和 2018 年的样本，形成三期平衡面板数据。

（3）案例资料。在江苏省沭阳县花木产业区的案例研究部分，本书综合采用了个体深度访谈、参与式观察、获取部门报告、检索文献和权威媒体报道等途径收集案例资料，将不同来源的资料相互印证，形成"证据三角形"，保证研究信度。个体深度访谈采用预定式半结构化访谈，访谈对象主要包括县级领导和干部（共计 4 人）、镇级领导和干部（共计 6 人）、村级干部（共计 4 人）、农村网商代表（共计 10 人）。参与式观察是指深入到产业区和农村居民的家中对场景进行认真观察、切身体验和实时咨询，进而将观察到和咨询到的重要信息转换成文字资料。在实地调研的过程中，本书还获取到沭阳县商务局提供的各部门有关报告和政策文件汇编资料。

1.4 研究思路和技术路线

本书的研究思路由"互联网普及（宏观层面）—互联网使用（微观层面）"的横向逻辑和"机理阐释—实证检验—案例研究—政策含义"的纵向逻辑两条主线构成，在文献综述的基础上，构建互联网普及与互联网使用相结合的双层研究框架，以相关理论为基础，收集数据资料，采用理论演绎法、描述统计法、计量分析法和案例研究法等研究方法开展理论与经验综合性研究，最后总结研究结论，提炼政策含义。具体的技术路线见图1-1。

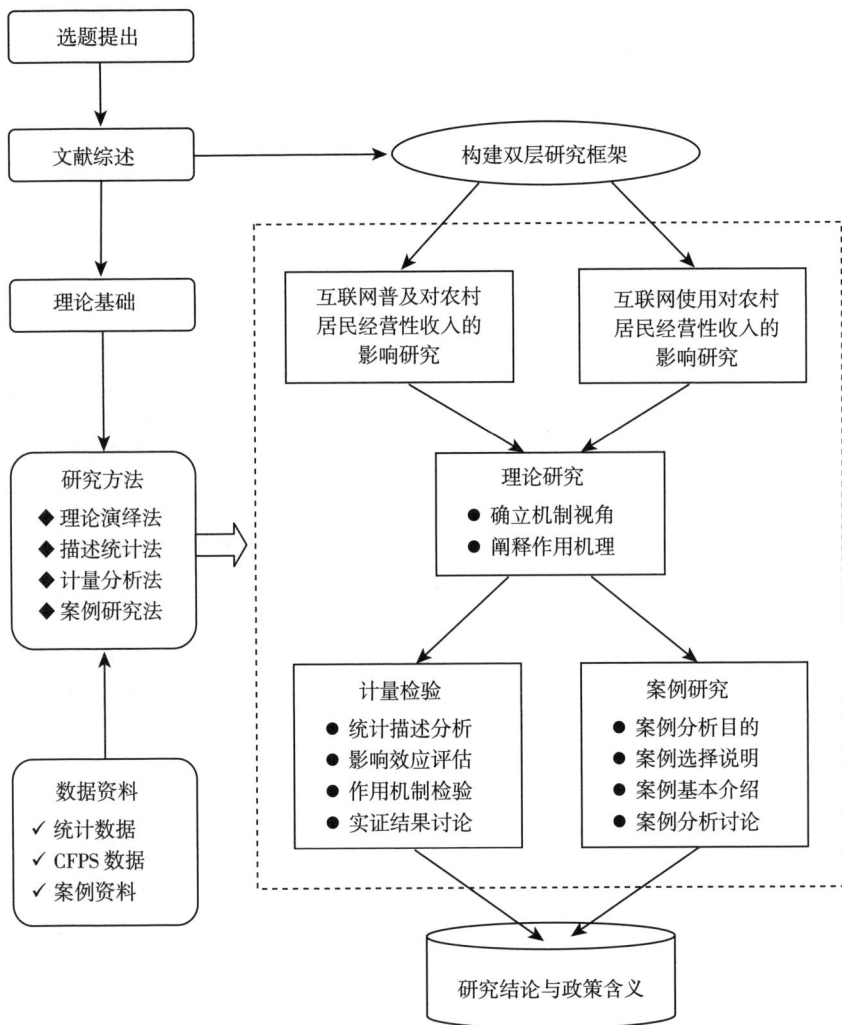

图1-1　本书的技术路线

1.5 结构安排

本书在结构安排上分为7章，各章基本内容如下：

第1章，绪论。阐述选题依据，明确研究目标和核心内容，说明研究方法和数据来源，介绍研究思路和技术路线，指出可能的创新之处。

第2章，文献综述与研究框架。回顾互联网普及的宏观经济效应研究、互联网使用的居民经济效应研究、农村居民经营性收入影响因素研究等相关文献，总结已有研究的启示和不足，确立对互联网发展的观察采取互联网普及（宏观层面）与互联网使用（微观层面）的双重视角，构建互联网普及与互联网使用相结合的双层研究框架。

第3章，理论研究：互联网发展对农村居民经营性收入的影响机理。本章在界定核心概念的基础上，以市场分割理论、熊彼特创新理论、包容性创新理论、节俭式创新理论为基础，从市场分割和技术创新两个视角阐释互联网普及影响农村居民经营性收入的作用机理；以信息搜寻理论、信息贫困理论、人力资本理论、社会资本理论为基础，从信息获取、人力资本和社会资本三个视角阐释互联网使用影响农村居民经营性收入的作用机理。

第4章，实证研究一：互联网普及对农村居民经营性收入的影响。本章基于省级面板数据，描述统计中国互联网普及率及其演变趋势、中国农村居民经营性收入及其演变趋势以及互联网普及率与农村居民经营性收入的相关性，实证评估互联网普及对农村居民经营性收入的影响效应，并对其作用机制进行检验，围绕实证结果开展相关讨论。

第5章，实证研究二：互联网使用对农村居民经营性收入的影响。本章基于CFPS三期面板数据，描述统计中国农村居民互联网使用情况，实证评估互联网使用对农村居民经营性收入的影响效应，并对其作用机制进行检验，围绕实证结果开展相关讨论。

第6章，实证研究三：互联网发展影响农村居民经营性收入案例研究。说明案例的分析目的和选择理由，介绍沭阳花木产业区"互联网＋"发展历程以及花木农户的经济和生活变化，分别从触发机制和强化机制剖析互联网发展促进农村居民经营性收入增长的具体实现过程，围绕案例分析结果开展相关讨论。

第7章，总结与展望。总结全书的主要研究结论，提出政策含义和实践启示，并指出本研究的不足，展望未来研究方向。

1.6 可能的创新

较之于已有文献，本书在研究框架、研究视角、研究方法等方面具有边际贡献，具体表现为以下四个创新点：

第一，构建互联网普及与互联网使用相结合的双层研究框架。研究互联网影响农村居民收入的已有文献几乎都是从互联网使用层面入手，缺乏对互联网普及层面的研究，因而无法全面认识互联网发展对农村居民收入的影响作用。本书构建了一个互联网普及与互联网使用相结合的双层研究框架，既考虑宏观覆盖广度，又涉及微观行为深度，两者结合研究不仅可以更加全面地揭示互联网发展对农村居民经营性收入的影响效应及作用机制，获得更为完整和系统化的认识，并且可以相互验证，形成对照和互补，使研究的逻辑更为严密。此外，本书构建的双层研究框架对其他视角的互联网赋能效应研究具有示范和借鉴意义。

第二，引入市场分割、技术创新等新的机制解释视角。目前学界关于互联网普及对农村居民经营性收入影响的研究成果还非常罕见，并且缺乏对互联网普及增收效应的生成机制进行探讨。本书不仅实证评估了互联网普及对农村居民经营性收入的影响效应，还引入市场分割、技术创新等视角对互联网普及影响农村居民经营性收入的作用机制做出解释。本书既从理论上演绎互联网普及促进降低市场分割、提升技术创新的机理，又从实证上对其进行了检验。本书在这方面的研究填补了互联网普及宏观经济效应研究目前存在的一些空隙，拓展了互联网普及效应的研究视角。

第三，提出互联网使用的"工具性-情感性"2×2类别框架。探讨互联网使用影响农村居民收入的已有文献主要从是否使用互联网和互联网使用时长的角度进行考察，缺乏对农村居民互联网具体使用角度的分析。现实中，农村居民使用互联网开展多种不同的活动，并且通常是交替进行的，产生叠加效应。如果将互联网的每一项使用分别进行单独研究，很可能会形成趋于低估的错误判断。据此，本书提出了一个互联网使用的"工具性-情感性"2×2类别框架，首先将农村居民的互联网具体使用归结为工具性使用和情感性使用（前者基于成本、效率、盈利等目的使用互联网进行学习、工作和商业活动,后者基于情感表达和放松休闲目的使用互联网进行社交和娱乐)两种基本类别,接着根据使用频率的高低情况将农村居民的互联网使用划分成"高工具性-高情感性"、"高工具性-低情感性"、"低工具性-高情感性"和"低工具性-低情感性"四种行为组合,进而研究每种行为组合的收入效应。本书在这方面的探索为互联网使用效应研究开辟了新视角,对后续相关研究具有示范和借鉴意义。

第四,使用更加合理的工具变量以及计量与案例的方法组合。已有关于互联网普及效应研究的多数文献在采用工具变量法解决互联网普及的内生性问题时,普遍的做法是使用互联网普及的滞后项作为工具变量,该做法通常会满足工具变量的相关性要求,并且排除了反向因果导致的联立性偏误,但是互联网普及的滞后项并非严格外生,这影响了实证结果的可靠性。对此,本书引入城市信息产业就业人数占比、1981 年邮电业务总量、1981 年电话用户规模等指标构造更具外生性的工具变量,更好地解决了内生性问题。另外,本书在实证研究互联网影响农村居民经营性收入的过程中,同时采用了计量分析方法和案例研究方法,既实现基于大样本数据的因果关系识别,又聚焦成功地区的动态实践过程。两种实证方法的组合使用可以形成优势互补,使研究前后呼应、动静结合、层次分明,形成一个有机整体,这也是本书有别于已有文献的又一个特色。

2 文献综述与研究框架

2.1 互联网普及的宏观经济效应研究

2.1.1 互联网普及与经济增长

国内外学术界关于互联网普及影响农村居民收入的直接文献十分罕见，目前学者们主要研究了互联网普及对经济增长等方面的影响，这些文献对本书研究内容具有一定的借鉴意义。

不少国外学者使用跨国层面的面板数据实证研究互联网普及率（Internet penetration，也有翻译为互联网渗透率）对经济增长的影响效应，方法比较科学。例如，Tripathi 和 Inani（2016）基于 42 个撒哈拉以南非洲国家 1998—2014 年的面板数据，采用自回归分布滞后模型研究发现，在短期内，互联网普及对经济增长产生负作用，但从长期来看，互联网普及对经济增长具有显著正向作用；Pradhan 等（2016）基于 11 个国家的面板数据，采用面板 VAR 模型研究表明，互联网普及率与人均 GDP 之间存在双向因果关系；Harb（2017）基于阿拉伯与中东地区 93 个国家 1995—2014 年的面板数据实证研究表明，互联网普及促进了阿拉伯与中东地区的经济增长，尤其是对于高收入国家；Choi 和 Yi（2018）基于 105 个国家的面板数据研究发现，互联网普及对经济增长具有显著正向影响，并且受到 R&D 支出的正向调节作用；Haini（2019）基于 10 个东南亚国家 1999—2014 年的面板数据，采用转换对数生产函数，经实证分析发现，互联网普及率显著正向影响经济增长。

宽带是互联网普及的重要基础设施。从宽带的角度看，互联网普及率每提高 10 个百分点，可以带动人均 GDP 增长 0.9～1.5 个百分点，当互联网普及率超过 10% 的门槛后，其对经济增长的影响会显著增加（Czernich 等，

2011）。根据 2010 年联合国宽带委员会（The Broadband Commission for Digital Development）发布的全球宽带报告《Broadband：a platform for progress》，宽带渗透率每提高 10 个百分点，可以实现带动中国 GDP 增长 2.5%。

国内学者则主要使用中国 31 个省份的面板数据开展研究。周斌等（2017）利用 2008—2014 年省级面板数据，借助 PVAR 模型分析发现，互联网普及对经济增长的促进作用只有短期效应，不具有可持续性。有趣的是，该发现与 Tripathi 和 Inani（2016）的研究结论截然相反。同样基于 2008—2014 年省级面板数据的另一项研究发现，互联网普及对中国经济增长的影响并非简单的线性关系，而是受到人力资本和创新水平的门槛调节作用（张家平等，2018）。另一项基于 2003—2011 年省级面板数据的实证研究结果显示，2007 年以后中国互联网普及率才开始对经济增长具有显著性正向影响，并且具有明显的区域异质性和滞后性（李立威和景峰，2013）。

个别学者采用地级市面板数据开展实证分析。例如，叶初升、任兆柯（2018）采用中国 2002—2014 年地级市面板数据进行了因果检验，结果显示，在整体上互联网普及促进了中国国民经济的增长，尤其是在教育发展水平和城镇化水平较高的地区，互联网普及的经济增长效应更加显著；李杰伟、吴思栩（2020）基于中国 2001—2016 年城市数据研究发现，互联网普及能提高经济增长率，并且城市人口规模越大，越有利于发挥互联网的网络效应，因而互联网普及对大城市经济增长的促进作用越显著。

有学者认为，互联网普及与经济增长之间是相互促进的关系，其结果是导致越来越大的数字鸿沟（戴德宝等，2016）。

2.1.2 互联网普及与生产率

除了经济增长，生产率也是互联网普及宏观经济效应研究的重要视角。有些学者关注的是互联网普及对劳动生产率的影响。在此之前，国外学者曾围绕 ICT 对企业劳动生产率的影响有过一些研究，并形成截然相反的结论。正面观点认为，企业推进 ICT 在工作场景中的采用，会对企业的劳动生产效率带来积极的影响（Ceccobelli，2012；Miyazaki 等，2012；Berscheck 和 Niebel，2016）；反面观点认为，互联网技术的应用会对劳动生产率造成负面影响或不起任何显著性影响（Cardona，2013）。但这些研究都是企业层面的微观研究，并未涉及宏观层面的互联网普及效应。基于包括美国在内的28个经合组织（OECD）国家2001—2016年的面板数据，Wei-Te Hsieh 和 Goel（2020）研究发现，互联网普及对劳动生产率具有正向影响，但显著性水平较低。国外还有学者以108个国家1995—2010年的面板数据为研究样本进行实证研究，发现互联网普及对劳动生产率产生显著正向影响，互联网用户每增加1%，能够使每个雇佣工人的平均产值增加8.16～14.6美元（Najarzadeh 等，2014）。国内有学者基于中国2005—2013年城市面板数据进行实证研究发现，互联网普及正向促进制造业劳动生产率的提升，主要的作用机制在于互联网会通过降低生产成本和提高创新能力促进劳动生产率水平提高（卢福财和徐远彬，2019）。

另有一些学者关注互联网普及对全要素生产率的影响。互联网对全要素生产率的作用机制可以从互联网技术、互联网平台、互联网思维和网络效应四个维度进行分析，省级面板数据检验证实，互联网对中国技术进步具有显著的促进作用，但对技术效率具有抑制作用，由于存在网络效应，互联网对全要素生产率的促进作用是非线性的（郭家堂和骆品亮，2016）。肖利平（2018）利用2006—2016年省级面板数据研究发现，"互联网＋"对装备制造业全要素生产率有显著的促进作用，且东部地区"互联网＋"对全要素生产率的影响效应比中西部地区更为明显。有学者关注内陆港口城市的全要素生产率问题，以中国长江18个港口城市2005—2016年的数据为研究样本，实证分析发现，互联网普及促进港口城市全要素生产率提升，并且随着经济发展水平的提高，这种促进作用会进一步增大（Song 和 Liu，2019）。另有研究显示，互联网发展通过降低交易成本、减少资源错配以及促进创新三条路径提升城市整体和制造业整体的全要素生产率，且对制造业整体全要素生产率的影响要大于其对城市整体全要素生产率的影响（黄群慧等，2019）。

2.1.3　互联网普及与经济不平等

经济不平等是发展经济学的重要议题，如何有效缩小居民内部发展差距和城乡发展差距一直是发展中国家政府和学界不断探索并试图破解的难题。在互联网普及效应的研究中，有部分文献探讨了互联网普及对收入差距和消费差距的影响效应，其中研究收入差距占多数。

有学者认为互联网很少会单独起作用，而是与其他技术、经济和政治力量结合产生作用，通过构建"社会-技术"模型演绎分析指出，互联网普及既有可能扩大收入差距，也可能缩小收入差距，关键还是要看政府对数字鸿沟的态度和行动（Bauer，2018）。Panichsombat（2016）以亚太地区 191 个国家 1990—2015 年的面板数据为基础开展实证研究，结果显示，互联网普及并没有导致收入差距加大，对于发达程度更高的国家，互联网普及显著降低了他们的收入基尼系数，而这一效应在欠发达国家要弱很多。Liu（2017）以 51 个国家为样本对象，使用灯光密度作为互联网普及的工具变量进行回归分析，发现互联网普及能够显著降低收入不平等程度。

在国内，有学者研究互联网普及对行业间工资性收入差距的影响，实证结果表明，互联网普及显著缩小行业间工资性收入差距，产业集聚程度和技术创新水平是其重要的传导机制（胡浩然等，2020）。另有学者研究发现，互联网普及有助于缩小区域间的工资差距，具体而言，互联网普及对中部地区居民工资性收入的提升效应最大，西部其次，东部最小（李阳阳和肖容，2014）。还有个别学者针对互联网普及对城乡收入差距的影响开展研究，如程名望和张家平（2019）采用 2003—2016 年省级面板数据研究发现，互联网普及对城乡收入差距的影响分为两个阶段，第一个阶段是扩大城乡收入差距，第二个阶段是转而缩小城乡收入差距，即"倒 U 形"的影响作用，而中国自 2009 年开始进入互联网的红利收获期；再如贺娅萍和徐康宁（2019）基于 2004—2015 年省级面板数据的回归结果进行分析，结果表明，互联网普及在总体上发挥了扩大城乡收入差距的作用，这一点在经济越发达、人口素质越高的地区表现得越明显。

涉及互联网普及影响消费差距的既有文献比较罕见。程名望、张家平（2019）使用中国省级面板数据和中国社会综合调查数据，依靠联立方程模型研究发现，互联网普及显著降低了城乡居民消费差距，并且这一效应是通过降低城乡居民生存型消费差距、享受型消费差距和发展型消费差距实现的。Zhang 等（2020）基于 2010—2016 年 155 个县域的中国家庭追踪调查数据，采用固定效应模型和两阶段最小二乘法进行实证研究，发现互联网普及可能加剧了居民消费的不平等程度，但是随着受教育水平和互联网普及率的提升，这种消极影响会越来越小，甚至还转而缩小居民的消费差距。

2.1.4 互联网普及与创新发展

随着经济社会的不断发展，创新日益成为经济增长的首要驱动力，成为企业构筑竞争优势、持续获得超额利润的源泉。但是，创新并不容易，创新需要基础，需要投入，需要面对不确定性。实践表明，互联网有助于激发创新活力，学界对此开展了一些研究，成果主要集中在互联网普及对区域创新和企业创新的影响研究，另有部分文献涉及互联网普及对包容性创新和节俭式创新的促进作用。

第一，互联网普及与区域创新。互联网普及能够促进区域创新要素的流动与整合，加强创新主体之间的协同，降低创新门槛和成本，最终促进提升区域创新效率（霍丽和宁楠，2021）。互联网普及通过知识溢出效应、信息扩散效应、思维渗透效应和跨界效应对区域创新能力产生影响（惠宁和刘鑫鑫，2020；惠宁等，2020）。有学者研究发现，互联网发展显著促进区域创新水平提升，但是该积极影响作用不是当期就显现出来的，而是具有时滞性，并且呈现"边际效应"递增的动态特征（张旭亮等，2017；韩先锋等，2020）。基于省级面板数据的实证研究表明，东部地区所获得的互联网创新红利最为明显，其次是中部地区，而西部地区的红利效应最弱（霍丽和宁楠，2020）。互联网普及发展到一定程度，会通过释放消费需求效应带动区域服务业创新发展（曾世宏和高亚林，2018）。

第二，互联网普及与企业创新。企业创新始终是学界和政府关注的重要课题，随着互联网的蓬勃发展，学者陆续探讨互联网普及与企业创新之间的关系。互联网时代的到来，意味着商业模式的导向将发生根本性改变，以需求为导向的新兴商业模式势必取代以供给为导向的传统商业模式，占据商业模式版图的主导地位（罗珉和李亮宇，2015）。互联网经济不仅是创新驱动的经济形态，而且还在本质上强调协同创新，追求协同效应，在互联网时代，企业的网络创新能力比企业"单枪匹马"的自我创新能力重要得多（程立茹，2013）。基于连通性这一本质特征，互联网引发企业创新资源跨界重组与聚合（张骁等，2019），形成扁平化治理方式及"开放、共享、平等"

的互联网思维，建立起一个企业开放式创新框架，实证结果也表明，互联网对企业的创新绩效具有提升效应（王金杰等，2018；王春燕和张玉明，2018；王文涛和曹丹丹，2020）。

第三，互联网普及与包容性创新。包容性创新是专门针对金字塔底层群体和市场进行的创新活动，以帮助他们脱贫增收、改善心智、扩大权利、融入现代文明以及享有幸福和自我实现。互联网作为一种高效的传播工具，能够加速知识溢出，促进现有知识整合产生新想法，实现包容性创新（Arthur，2007）。互联网普及能够健全市场的运行机制，改善市场的运行环境，为包容性创新发展提供更好的市场调节，从而给社会底层人群带来福利增加的机会和渠道，促进满足弱势群体的需求（秦佳良等，2018）。互联网作为一种高效的对接平台，通过提升金字塔底层人群在信息生产与消费中的角色与地位，促进包容性市场机制的构建（邢小强等，2019）。互联网作为一种高效的交易手段，通过电子商务生态体系的完善和演进，为农村低收入群体提供了更多的发展机会和可能，使他们得以卷入新经济的分工体系之中，分享包容性增长红利（范铁琳等，2018；李红玲和张晓晓，2018；李红玲等，2020）。此外，互联网普及还推动农村金融领域的包容性创新，通过创新农业产业链数字普惠金融模式缓解农户融资难、融资贵问题（冯兴元，2018；周月书等，2020）。

第四，互联网普及与节俭式创新。发源于欧美的传统创新模式具有投入大、风险高和效率低的特点，这种创新模式与新兴经济体资源不足、制度缺位、需求以中低端层次为主的特征不相契合。于是，学者们倡导一种以更少投入获得更多或更优产出的新型创新模式，即节俭式创新模式。节俭式创新理念非常契合中国经济转型的时代语境以及创新驱动高质量发展的阶段要求，而互联网可以有效破解农村创业者信息闭塞、缺乏完备产业链服务等困境，促进实现节俭式创新（芮正云和方聪龙，2018）。互联网为农产品网货品牌节俭式创新创造了机遇，农产品网货品牌基于节俭式创新的独特成长路径，为专业大户、家庭农场、合作社、农创客等新型农业经营主体打造知名品牌提供了机会（梁磊和赖红波，2016；李志国，2019）。互联网带来了共享经济的繁荣，而共享经济为发展中国家的节俭式创新提供了新动力（张玉明等，2019）。

2.1.5　互联网普及与市场分割

市场分割是市场一体化的反面，其综合刻画了市场分布不连续、商品和要素流通不顺畅、本土企业与外来企业之间的竞争不平等、区域间或城乡间市场存在可套利价差的状态。而互联网普及对促进市场整合、降低市场分割具有极大的潜力（Xie 等，2016；余文涛和吴士炜，2020）。互联网实现万物互联互通，意味着在技术层面上对市场地理空间的突破，市场空间可以被无边界地拓展，通过电子交易方式，国内市场可以在无边界的交换范围内加速融合成一个整体（纪宝成，2007；谢莉娟和张昊，2015）。互联网行为信息数据化，形成大数据商情信息，为经济学意义上的抽象市场在现实中的形成提供了技术支持，使价格机制可以在更大的空间内发挥调节作用（Olsson 等，2013；Arya 等，2014）。李秦等（2014）通过淘宝平台的交易数据和线下贸易数据的间接对比，发现我国线下市场的确存在一定程度的地方保护，并认为随着互联网贸易对传统贸易替代性的增强，消费者"用脚投票"的行为可能会减弱地方保护对线下市场的扭曲。王伟和孔繁利（2020）基于2000—2017 年省级面板数据的实证研究表明，各省之间"以邻为壑"的现象仍然存在，但是互联网发展能在整体上显著降低市场分割水平，从区域异质性角度看，互联网发展对东部地区和中部地区的作用显著，而对西部地区的作用不显著。互联网发展能够催生新的商业模式和贸易方式，不仅推动了国内统一市场的形成，拓展了通往国际市场的渠道，更提高了国内外市场的一体化程度（关利欣等，2015）。Gnangnon 和 Lyer（2018）对 2000—2013年 175 个国家的数据分析结果显示，基于互联网的距离缩减能够提升国内外商业服务市场的一体化程度。

2.1.6　其他视角的研究

除了上述研究视角，其他互联网普及经济效应研究还涉及了产业结构升级、对外贸易、农业生产、价格、就业、电商等方面，但相关成果都不多。

产业结构升级是经济高质量发展的重要体现，互联网的发展为产业结构升级提供新动能和新引擎。在构建数理模型解释互联网普及对产业结构服务化影响的基础上，曾世宏等（2019）利用 2006—2016 年省级面板数据进行实证检验，结果证实了互联网普及对产业结构服务化产生显著的积极影响，尤其是对促进农村地区服务业的发展具有重要意义。基于 2003—2013 年省级面板数据的实证分析表明，互联网的普及显著推动中国产业结构高级化进程的发展，但这种互联网普及对产业结构的影响效应存在区域异质性，此外，产业结构升级还具有自身的惯性（惠宁和周晓唯，2016）。许家云（2019）将 1995 年中国互联网商用视为准自然实验，采用双重差分法（DID）实证分析互联网普及对工业结构升级的影响效应，结果证实，互联网普及对工业结构升级具有积极作用，并且边际效应呈现不断强化的趋势，此外，该影响效应存在明显的地区差异，即对东部、中部或国有化水平低的地区作用明显，但对西部或国有化水平高的地区的作用甚微；门槛回归结果还发现，互联网普及对工业结构升级的影响效应受到研发投入规模、人力资本水平、知识产权保护强度以及市场分割程度等因素的制约。

互联网发展有助于扩大一国的进出口贸易规模，减少贸易成本是其重要的作用机制（Meijers，2014；Yushkova，2014）。对 152 个国家 2005—2015 年的面板数据实证分析发现，互联网普及对一国的国际服务贸易，无论是进口还是出口均产生了显著性正向作用，但是该影响效应在发达经济体和发展中经济体的表现存在差异，其中，发展中国家在服务贸易进口方面获得更多的互联网红利，而发达国家在服务贸易出口方面获得更多的互联网红利（杨巧，2018）。

个别学者采用 2008—2012 年越南农村地区的村庄层面面板数据，以村庄层面的互联网普及率（即使用互联网的住户比重）为自变量，研究发现互联网普及带来了 6.8％的农业产出增长，这种促进效应在农村年轻居民中更为明显，但对大米产出的影响效应较弱（Kaila 和 Tarp，2019）。

基于中国地级市层面的数据分析发现，互联网普及在降低车险市场均价方面发挥了显著性作用，车险市场存在较明显的价格离差，互联网普及对车险市场的价格离差的影响呈"倒 U 形"（王向楠，2019）。

互联网有助于减弱劳动力市场的信息不对称程度，增加失业者再就业的机会，促进劳动力市场的流动性提升（Kuhn 和 Skuterud，2010）。实证研究表明，互联网普及对地区就业的影响具有复杂性，首先是短期影响和长期影响存在差异，短期内由于初始禀赋等方面的不同，互联网对就业的影响存在异质性，但从长期来看该影响效应会收敛至正向影响；其次是互联网普及对地区就业开始产生正向影响的条件是当一个地区的互联网普及率、人力资本水平、对外开放程度和产业结构水平增长到一定的程度（崔兆财和周向红，2020）。

在中国，随着互联网的不断普及，以淘宝村为代表的农村电子商务发展非常迅速。互联网普及是农村电子商务发展的重要基础，网络基础设施是实现电子商务的基本设施。互联网普及首先让更多农村居民有触网经商的机会和可能性，其次让新生代的农村居民日益拥有了互联网基因和互联网思维，最后让网络销售者能够拥有众多的线上消费者与之形成匹配（曾亿武和郭红东，2016；曾亿武等，2020）。也就是说，淘宝村的形成和发展是供需匹配的结果，而互联网普及让线上供需的出现成为可能。

2.2 互联网使用的居民经济效应研究

2.2.1 互联网使用与居民收入

大量研究表明，互联网使用对居民收入水平和收入差距具有显著性影响，包括对创业收入和工资收入（Krueger，1993；Dimaggio 和 Bonikowski，2008；蒋琪等，2018）。具体到一些特定的研究对象，有的文献关注互联网使用对女性收入或性别工资差距的影响（李雅楠和谢倩芸，2017；毛宇飞等，2018；曹景林和姜甜，2020；戚聿东和刘翠花，2020），有的文献关注互联网使用对大学生就业工资的影响（赵建国和周德水，2019），有的文献关注互联网使用对不同级别技能群体劳动收入的影响（李飚，2019），还有部分文献关注互联网使用对农村居民收入的影响，而这部分文献与本书研究直接相关，以下重点回顾这部分文献。

在国外，已有不少学者关注居民互联网使用行为及其收入效应，但鲜有学者直接关注农村居民的互联网使用行为，正面研究互联网使用对农村居民收入影响的文献就更加匮乏了（Chang 和 Just，2009）。国内关于互联网使用影响农村居民收入的研究也刚起步，专项研究成果较少，一些相关的论断散布于文献的局部之处。

是否使用互联网（Internet access）是最基本的互联网使用行为，也是目前被学者广泛采用的研究视角。基于台湾 1.2 万个农村家庭的问卷调查数据，Chang 和 Just（2009）采用多阶段半参数模型进行实证研究，结果显示，互联网使用显著促进农村家庭收入增长。Dobson 等（2010）借助墨西哥手工艺品市场的个案研究，阐释互联网是如何通过实现当地生产者与全球市场的对接，进而给当地农村居民的非农收入带来积极变化的，并指出农村创业者寻求自身比较优势对于实现互联网红利的可持续性具有重要作用。有学者的研究表明，互联网的使用能够促进农产品销售价格提高，提高加工品产量，最终促进农村居民增收（Burga 和 Barreto，2014）。另有学者基于美国小农场的调查数据，运用倾向得分匹配法测算表明，小农场主通过使用互联网获得了更多的家庭收入，包括农业收入和非农收入，这是因为互联网使用降低了风险，减少了销售、运输、仓储和租赁等方面成本（Khanal 等，2015；Khanal 和 Mishra，2016）。国内的研究大多是基于公开调查数据的。周洋、华语音（2017）基于中国家庭追踪调查数据分析发现，互联网使用对农村家庭的创业收入具有积极促进作用。刘晓倩和韩青（2018）同样基于2014 年的中国家庭追踪调查数据研究发现，与未使用互联网的农村居民相比，使用互联网的农村居民年收入大约提高了 4 000 元，但彼此之间的收入差距也随之扩大。华昱（2018）和蒋琪等（2018）均使用 2010 年和 2014 年中国家庭追踪调查数据进行研究，却得到完全相反的结论：前者认为互联网使用对农村居民收入的影响偏小，互联网发展更有利于城镇居民增收；后者则认为互联网使用对于农村居民打破信息封闭和销售困境更具边际价值，因此农村居民从互联网使用中获得的收入回报率要比城市居民高。韩长根和张力（2019）使用 2010—2016 年中国家庭追踪调查的 4 期面板数据实证研究互联网使用对居民收入流动性的影响，结果显示，相比于城镇居民，互联网使用对农村居民收入提升的积极作用更大些。田勇和殷俊（2019）的研究表明，互联网使用帮助农村居民增收，摆脱贫困状态，主要机制在于互联网使用促使农村家庭选择创业。基于 2015 年中国社会综合调查数据的实证研究证实，互联网使用对农村居民的非农收入具有积极影响，该影响效应对低学历、中老年农村居民更为明显（杨柠泽和周静，2019）。基于国家卫健委

2013年流动人口动态监测调查数据的研究表明，互联网使用对不同技能水平的农村流动人口具有不同的收入影响，总体上具有一种技能偏好效应，具体而言，具有高技能水平的农村流动人口能够获得技能溢价，并且互联网使用带来的技能提升是农村流动人口收入上升的主要推动力（王子敏，2019）。少数学者通过开展问卷调查收集数据，例如何学松和孔荣（2019）收集了陕西省908个农村家庭的调查数据，通过实证分析发现，62.2%的农村居民通过互联网搜寻市场信息，其收入比未采用互联网的农村居民高出37.58%。

是否使用互联网只是刻画了农村居民的互联网可及性，并没有区分农村居民具体使用互联网做了什么，即互联网的用法（Internet usage）。显然，从逻辑上讲，不同的互联网用法隐含着不同的增收机理，并可能产生不同的收入效应。然而，国内外已有文献鲜有从互联网具体使用的视角入手研究互联网使用对农村居民收入的影响效应及作用机理。开展网络营销是互联网的一项重要具体应用，部分学者对电子商务影响农村居民收入进行了研究。对美国使用MarketMaker平台开展电子商务的中小型农场进行调查统计分析，结果显示，使用互联网开展电子商务促进了大多数农村居民增收（Cho和Tobias，2010）。Zapata等（2011；2013；2016）同样以MarketMaker为例，开展农村家庭入户问卷调查，实证分析表明，参与电子商务活动有助于农村经营者开发新市场、寻求新客户，最终促进提升订单量和销售额。在国内，有学者运用经济学的理论工具演绎分析专业村发展电子商务对本村居民收入的影响机理（曾亿武和郭红东，2016）。鲁钊阳和廖杉杉（2016）基于全国2 131个农村居民家庭的调查数据进行研究发现，电子商务总体上对农产品收入产生了显著积极影响。曾亿武等（2018）以江苏省沭阳县花木农户为例，通过实证分析得出电子商务能够对农业收入产生显著促进作用，并导致了农村居民内部的收入差距达到悬殊的程度。李琪等（2019）经实证研究指出，电子商务发展不仅显著促进本地农村居民增收，还促进邻近地区的农村居民增收，该影响效应还受到政府支持力度的正向调节和地区经济发展实力的负向调节。苏岚岚和孔荣（2020）将互联网使用界定为互联网采购和互联网销售两个方面（实质上也是局限于电子商务），利用陕西、宁夏和山东831个农村创业家庭的调查数据开展实证研究，结果表明，参与互联网采购和互联网销售均显著提升了农村居民的创业绩效。Li 等（2021）基于杭州临安、江苏沭阳和山东曹县三地的调查数据进行实证分析，结果显示电子商务显著促进农村居民销售收入的增加。

2.2.2 互联网使用与居民创业

互联网时代开启了"大众创业、万众创新"的新气象，创业行为决策成为互联网使用的居民经济效应研究的一个重要视角。回顾互联网使用影响居民创业的研究成果，有助于为本书寻找互联网使用影响农村居民经营性收入的作用机制提供有益参考和重要启示。

在国外，不少学者证实了以宽带为代表的互联网应用能够促进农村地区进行更多的创业活动，企业数量得到明显增长（Cumming 和 Johan，2010；Audretsch 等，2015；Gillett 等，2016；Kim 和 Orazem，2017）。在国内，史晋川和王维维（2016）利用中国家庭追踪调查数据进行实证研究，结果显示，互联网使用促进了居民的创业活动，主要原因在于互联网能够充当居民获取信息的有效渠道；周广肃和樊纲（2018）研究发现，互联网使用通过促进信息获取和融资可得性、增进社会互动、改变风险偏好等途径显著正向影响居民创业。部分学者专门针对女性群体开展实证研究，均证实了互联网使用在促进女性创业方面能够发挥显著的作用，互联网使用主要通过增强人力资本、提升社会资本、拓宽信息渠道等作用路径促进女性的创业活动（丁栋虹和袁维汉，2019；刘汉辉等，2019；赵婷和岳园园，2019；马继迁等，2020）。另有部分文献专门针对农村居民开展研究，实证结果一致表明，互联网使用显著增强了农村居民的创业意愿、创业行为和返乡创业概率，并且信息渠道、人力资本、社会资本、风险偏好等构成互联网使用影响农村居民创业的重要机制变量（周洋和华语音，2017；赵羚雅，2019；张剑等，2019；袁方和史清华，2019）。

2.2.3 互联网使用与居民人力资本

人力资本是劳动者体力、知识、技术、能力等成分的集合。互联网具有赋权的作用，通过赋权的路径促进农村居民综合能力的内生发展（刘亚军，

2018)。目前关于互联网使用影响居民人力资本的研究主要集中在探讨互联网使用对居民健康的影响上。赵颖智和李星颖（2020）、杨克文和何欢（2020）的研究均表明，互联网使用能够促进居民健康状况的改善。互联网使用对居民健康产生显著正向影响，且主要的作用途径是信息获取机制（Sillence 等，2007；Mano，2014；陆杰华和汪斌，2020）。此外，互联网使用通过促进非正式社会支持、提升阅读频繁程度以及自评社会经济地位对居民健康产生影响（杨妮超和顾海，2020；陈亮和李莹，2020）。部分文献聚焦互联网使用对老年人健康的影响。例如，Lyu 和 Sun（2020）的回归结果显示，互联网使用通过促进中国老年人社会资本提升来改善其健康状况；Li 等（2020）的实证研究表明，互联网使用能够促进农村成年人健康水平的提升，获取大量健康信息、增加社会互动以及改善身体锻炼方式是互联网使用影响农村成年人健康的作用路径；靳永爱和赵梦晗（2019）研究证实，互联网使用能够提高老年人的自评健康和心理健康，这对于全社会实现积极的老龄化有重要意义；汪连杰（2018）的研究表明，相比于不使用互联网的老年人，使用互联网的老年人生理健康和心理健康均有明显改善，并且互联网使用对老年人生理健康的促进作用更大些；与此结论不同的是，赵建国和刘子琼（2020）研究发现，互联网使用对老年人生理健康的提升效果不如心理健康所获得的提升效果，且互联网使用主要通过提高老年人的学习频率来实现对其健康状况的积极影响。另外，也有部分文献关注互联网对教育、学习和技能的影响（Jackson 等，2011；Akhter，2013；Usman 等，2014；Pagani 等，2015），但主要研究对象是未成年人和学生，涉及农村居民的研究很少。

2.2.4 互联网使用与居民社会资本

互联网作为一种信息沟通技术和工具，改变着人们社会交际和联系的方式，对居民社会资本产生重要影响。在互联网使用影响居民收入和创业的研究文献中，社会资本作为作用机制被多次提及和检验。除此之外，国内外学者正面探讨互联网使用对居民社会资本影响的研究也取得一些成果。

在国外学界，从帕特南和林南开始，关于互联网与社会资本之间的关系便形成针锋相对的两种观点：时间置换效应（time displacement）与社会补偿效应（social compensation）。前者认为，面对面交流方式具有不可替代性，其对社会资本的形成有着自身独特的效果，而互联网使用会越来越占用个人的时间，以至于大量减少面对面交流的时间，不利于社会资本的形成；后者认为，线上的互动交流不仅可以替代面对面交流，成为一种新的远程与即时人际交往方式，而且比面对面交流更具有优越性，即网络的匿名性有利于人际关系的建立，为现实生活中不擅交流的人提供了一种新的途径（黄荣贵等，2013）。随着后续研究的跟进，互联网使用对社会资本主要起积极影响的观点占据上风，成为主流看法。使用互联网是维持已有的社会纽带和增加新纽带的便捷而有效的手段，定量结果表明，互联网使用可以显著提升社会资本（Penard 和 Poussing，2020）。从中国的经验样本来看，互联网使用和社会资本具有中等强度的正相关性（来向武和任玉琛，2020）。互联网使用通过促进信息获取和社交沟通，推动社会资本积累（杨德林等，2017）。基于互联网的虚拟社会参与和虚拟社区交际为个人带来了虚拟社会关系网络，从而培育和提升社会网络的广度和强度（黄荣贵等，2013；许丹红，2016）。部分学者的研究专门针对农村居民展开，其实证结论也统一地指向互联网使用的积极效应。调查显示，农村居民使用互联网以后，其社区志愿活动的参与和社会网络的构建会得到一定程度的提升，从而促进社会资本发展（Stern 和 Adams，2010）。实证表明，互联网使用显著增加了农村居民的社会资本（赵羚雅和向运华，2019；温雪等，2019）。

2.2.5 其他视角的研究

除上述视角，现有文献还探讨了互联网使用对居民幸福感、消费行为、就业状况、土地流转决策等方面的影响，这些文献的机制分析部分也同样可以为本书研究提供参考。研究表明，互联网使用显著提升了居民的主观幸福感，收入效应、认知效应和社交效应构成互联网使用影响居民幸福感的作用路径（王鹏，2014；周广肃和孙浦阳，2017；祝仲坤和冷晨昕，2018；郭小弦等，2020）。互联网使用还显著提高了农村居民的家庭消费水平，尤其是增加了教育、旅游、商业保险等方面的消费支出，促进消费结构升级，并且信息感知和社会资本是互联网使用影响居民消费的重要作用机制（杨光等，

2018；杨碧云等，2019；温雪等，2019；张永丽和徐腊梅，2019；罗蓉等，2020；孙根紧等，2020）。学者们还研究了互联网使用对全体居民以及老年人、大学毕业生、新生代农民工、女性、农村劳动力等不同群体就业选择的影响，普遍认为互联网使用有利于促进就业，提升居民的就业质量和职业选择能力，主要的作用机制在于互联网的信息获取和社交拓展功能（毛宇飞和曾湘泉，2017；赵建国和周德水，2019；毛宇飞等，2019；宋林和何洋，2020；马继迁等，2020；吕明阳等，2020）。个别学者还发现，互联网使用通过促进非农就业及其稳定性、拓宽信息渠道、增进社会互动使农村居民的家庭土地转出概率提升（张景娜和张学凯，2020）；互联网使用会降低家庭农场务农人数比重，促进家庭农场劳动力转移（朱红根和宋成校，2020）。

2.3 农村居民经营性收入影响因素研究

2.3.1 人力资本与农村居民经营性收入

人力资本是体力和脑力的集合，综合反映劳动力的质量属性。人力资本是影响农村居民经营性收入和创业绩效的重要因素，这一点早已成为学界的基本共识。健康是人力资本最基础的组成部分，部分文献专门探讨了健康对农村居民农业收入的影响效应，发现身高、身体质量指数和热量摄入均与农业收入显著正向相关（于大川，2013）。培训是人力资本形成的一个重要路径，部分学者实证检验了培训对农村居民经营性收入的影响，结果显示，农业技术培训对农村居民的农业收入增长具有显著性正向影响（乔慧等，2016），非农职业技能培训有助于促进农村居民的创业增收（李晓楠等，2015），农村居民自身的创业经历正向调节创业培训对其涉农创业绩效的影响（郭铖和何安华，2019）。除了健康和培训以外，接受正规教育作为人力资本积累的重要途径，对返乡农民工的创业收入具有显著的促进作用，外出务工经历对返乡农民工的创业收入影响作用更为明显（甘宇等，2019）。非农就业经历是机会型迁移和"边干边学"的人力资本积累途径，其能够增强高素质农民的资源获取能力和资源整合能力，提高新型职业农民的创业收入（罗明忠和雷显凯，2020）。人力资本的提升不仅能够促进农民工的返乡创业绩效（戚迪明和刘玉侠，2018），也有利于改善农民工在城市的创业绩效（李俊，2018）。人力资本不仅对农民工的创业绩效有积极的影响，还对农村微型企业、种植大户、家庭农场等农业新型经营主体的创业绩效具有显著的促进作用（赵浩兴和张巧文，2013；李容容和罗小锋，2017）。

2.3.2 社会资本与农村居民经营性收入

在影响农村居民经营性收入和创业绩效的众多因素中，社会资本有着举足轻重的地位，受到广泛关注和深入研究。社会网络对农村居民的经营绩效产生显著的正向影响，而信息与信贷的可得性在社会网络与农村居民经营绩效的正向关系中发挥了部分中介作用（Stam 等，2014；苏岚岚等，2017）。伴随社会资本水平的提升，农村居民能够获得更多的创业资源，进而取得更高的创业绩效（郭铖和何安华，2017）。新生代农民工的社会资本对其创业绩效产生显著的正向作用，并且创业机会识别和创业环境感知构成该影响效应的重要作用机制（马红玉等，2020）。社会资本的考察可从网络规模和网络强度两个方面入手，研究表明，社会网络规模越大，获取创业资源的机会越多，社会网络强度越高，获取创业资源的速度越快，从而达到高水平的创业绩效（丁高洁和郭红东，2013）。薛永基和卢雪麟（2015）将社会资本划分为政府型社会资本、邻里型社会资本和家族型社会资本，研究发现，政府型社会资本对农村居民的创业绩效没有直接效应，而是发挥间接作用，传导路径在于促进知识溢出，邻里型社会资本和家族型社会资本对农村居民创业绩效既有直接效应，又能通过知识溢出产生间接作用。

有个别学者还在研究过程中特别关注了社会资本与人力资本两者的结合对于农村居民经营性收入增长的重要意义。研究表明，村级层面的社会资本和家庭层面的社会资本均对农村居民的农业经营收入产生显著增收效应，并且人力资本与社会资本的交互作用正向调节这种增收效应（周晔馨，2013）。对于贫困户而言，如果缺乏必要的人力资本配合，则其社会资本通常无法发挥出促进经营性收入增长的积极作用（刘彬彬等，2014）。

2.3.3 技术进步与农村居民经营性收入

在某种程度上，农业现代化就是农业科技化，紧紧依靠农业技术进步促进农业发展、农民增收是不容争辩的普遍共识。Evenson 等（1989）通过对多个国家的农业科研投资进行考察发现，农业科技投入对农村居民农业经营收入具有积极影响。农业科技的进步对农产品价格的稳定和农业生产者收入水平的提高具有显著的积极影响，尤其是在开放经济中，农业科技进步通过扩大出口这一中介变量来发挥上述影响效应（Koester，1992）。Dennis（2013）认为，农业科技投入具有累积递增的非线性特征，即农业科技投入时间越长，规模越大，则其对农业收入的影响将会越显著。基于中国 14 个农业大省 2000—2017 年的面板数据，张志新等（2020）研究发现，从收入的来源结构来看，农业技术进步对农村居民家庭经营性收入的促进作用是最大的。另有学者指出，从长期来看，农村机械总动力和农业科技费用支出每增长 1％，将分别促使农村居民家庭经营性收入增长 0.23％和 0.18％（张志军和鲁黛迪，2013）。类似地，陈娟和杜兴端（2014）经实证研究发现，农村机械总动力、农林牧渔发明专利授权数和农林牧渔实用新型专利授权数三者对农村居民家庭经营性收入的影响均显著。陆文聪和余新平（2013）研究证实，农业科技进步无论是在长期内还是在短期内，都对农村居民的农业经营性收入增长有着显著的促进作用。

2.3.4 其他视角的研究

除了上述三个因素，已有文献还关注了农村信息资源、农村信用社改革、农村土地产权制度改革、农村金融发展等因素对农村居民经营性收入的影响。例如，夏振荣和俞立平（2010）经测算发现，相比固定资产投资和劳动力，信息资源对农村居民经营性收入具有更大的促进作用；夏国强（2014）关注农村信用社改革的收入效应，研究发现，是否从信用社贷款仅积极影响了处于中等发展程度地区和中等收入水平的农户的经营性收入，而对其他地区和其他收入水平的农户的经营性收入没有产生显著性影响；仇童伟（2017）认为，农村土地产权改革能够赋予经营主体决策自由，从而提高农业经营性收入；郑家喜等（2020）实证研究发现，农村普惠金融发展不仅直接影响本地农村居民的经营性收入，还具有空间溢出效应，即通过促进相邻地区的农村普惠金融发展，再对本地区农村居民经营性收入施以叠加影响。

2.4　总结性评论与研究框架初设

已有文献既为本书研究提供重要启示和逻辑基础，也为本书研究提供创造边际贡献的机会。首先，关于互联网发展的考察，主流的做法是采用互联网普及或者互联网使用这两个视角，另外还有少数文献采用互联网资源量、网站网页数量或者建立指标体系的形式。本书受此启发，对标主流做法，对互联网发展的观察采取互联网普及（宏观层面）与互联网使用（微观层面）的双重视角。互联网普及，即互联网可及性的普遍化、大众化，通常采用网民规模占年末总人口比重刻画，反映互联网基础设施的人群覆盖广度，属于宏观层面的经济变量。互联网使用不仅反映了互联网可及性，还包括互联网的具体使用，属于微观个体层面的行为变量。因此本书构建互联网普及与互联网使用相结合的双层研究框架（图2-1），既考虑了宏观覆盖广度，又涉及了微观行为深度，两者结合研究不仅可以更加全面揭示互联网对农村居民经营性收入的影响效应及作用机制，获得更为完整和系统化的认识，并且可以相互验证，形成对照和互补，使研究的逻辑更为严密。从逻辑上讲，如果宏观层面的互联网普及对农村居民经营性收入具有促进作用，那么微观层面的互联网使用对农村居民经营性收入也应该观察到同样的影响效应。因此，两者可以相互验证，获得更可靠的结论。另外，由于变量的特点和数据的可得性，有些作用机制只能通过宏观层面的数据进行验证，有些作用机制更加适合通过对农民的微观调查数据进行验证。总而言之，将互联网普及与互联网使用相结合进行研究，可以挖掘出更多作用机制，从而更加全面认识互联网发展对农村居民经营性收入的影响作用。具体机制变量的确定，一方面需要有机整合互联网普及的宏观经济效应研究、互联网使用的居民经济效应研究和农村居民经营性收入影响因素研究的前期文献，另一方面还需要结合相关的经典理论进行推演，形成定性认识，进而采用计量方法进行实证检验。

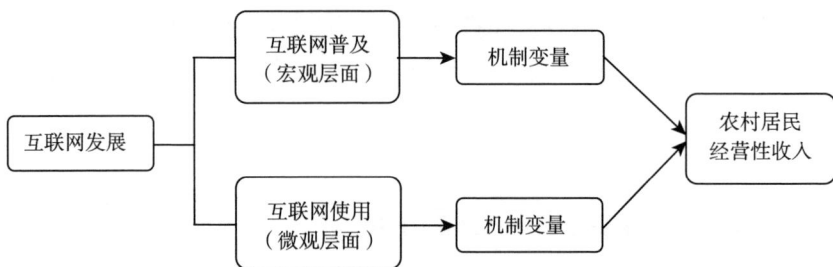

图 2-1　互联网普及与互联网使用相结合的双层研究框架

实证研究互联网普及的宏观经济效应，通常采用宏观计量分析方法。不少国外学者采用跨国层面的面板数据进行实证研究，而国内学者主要采用中国省级面板数据进行实证研究。在研究主题上，已有文献主要研究了互联网普及对经济增长、劳动生产率、全要素生产率、收入差距、消费差距、创新发展、市场分割等方面的影响效应，而正面研究互联网普及影响农村居民收入并发表在 SSCI 或 CSSCI 期刊上的研究成果较为少见。因此，关于互联网普及与农村居民经营性收入之间的关系学术界尚未知悉与掌握，有待于学者开展研究，填补这一空白。不过，关于互联网普及对经济增长、劳动生产率、全要素生产率、收入差距、消费差距、创新发展、市场分割等方面的研究已有相关文献，在探索互联网普及的宏观经济效应上积累了一些宝贵的研究经验，可以为探索互联网普及对农村居民经营性收入的影响提供有益参考，尤其是在作用机制的发掘和实证策略的设计上，已有研究成果具有重要的借鉴意义。从国内学者的实证研究经验来看，数据层面采用省级面板数据是比较妥当的选择，因为省级层面的统计数据比较健全，能够满足多角度探讨互联网普及影响农村居民经营性收入的数据需求。另外，已有多数文献在采用工具变量法解决互联网普及的内生性问题时，普遍的做法是使用互联网普及的滞后项，该做法通常会满足工具变量的相关性要求，并且排除了反向因果导致的联立性偏误，但是，互联网普及的滞后项并非严格外生，这影响了实证结果的可靠性。为了得到更高信度的研究结论，研究互联网普及影响农村居民经营性收入时，还应该考虑其他更具外生性的工具变量。

虽然探讨互联网使用对农村居民收入影响的研究成果已有一些，但总体上文献数量还是很少。国外已有文献所关注的对象主要是发达国家或地区的农场主，而非发展中国家的农村居民。国内对互联网使用影响农村居民收入的研究也刚起步，专项研究成果较少，一些相关的论断散布于文献实证结果分析之中。因此，已有文献对互联网使用影响农村居民收入的理论机制的研究非常薄弱。互联网对于农村居民而言具体用途有很多，农村居民可以利用互联网进行信息搜寻、远程教育、邮件往来、自媒体宣传、网络营销、网络购物、网络聊天、网络理财、网络办公、娱乐休闲等活动。但是，已有多数文献仅关注是否使用互联网对农村居民收入的不同影响，而未关注互联网具体使用的增收效应。虽然，是否使用互联网属于微观层面的互联网可及性，与宏观层面的互联网普及率可以形成呼应，相互印证；但是，互联网具体使用应该得到更多的重视和研究，只有这样，我们对互联网影响农村居民收入的认识才会更为全面和深入。值得注意的是，在现实生活中，农村居民在一定时期内会使用互联网开展多种不同的活动，并且这些活动通常是交替进行的，这无疑会产生叠加效应。如果将互联网的每一项使用分别进行单独研究，很可能会形成错误的判断。对此，本书的看法是，研究互联网具体使用对农村居民收入的影响时，应该使用一个"行为组合"的新思维。以"行为组合"为研究对象，一方面可以将作用接近的互联网使用行为进行归并，减少复杂性；另一方面可以防止对不同互联网使用行为之间叠加效应的遗漏而导致估计偏误。此外，不同互联网使用行为组合的效果比较也有助于我们找到更加科学有效的互联网使用行为组合，因而具有重要的现实指导意义。

最后，需要指出的是，虽然应用定量分析方法研究农村居民收入问题是主流做法，但是互联网对一个地区农村居民经营性收入的影响是一个动态过程，并且存在个别地区互联网赋能增收效果更加突出的情形。因此，在计量分析的同时，对成功地区的实践经验进行案例研究可以让研究更加饱满和完整。计量分析方法和案例研究方法有着各自的优势，两者可以互补。但目前国内外学界较少采用案例研究方法探讨互联网影响一个地区农村居民经营性收入的赋能过程。我国局部地区在互联网赋能农村居民实现经营性收入显著增长上有着卓有成效的实践。由于整个发展中国家的互联网发展在赋能农村居民实现增收方面总体上处于早期发展阶段（Zeng 等，2019），以领先国家或地区为例开展实践经验研究显得十分必要，因为它们可以为发展中国家的落后地区提供方向指引和先进经验，而案例研究在聚焦、展示和传播具体实践经验上具有独特优势和重要价值，理应得到重视。

3 理论研究：互联网发展对农村 居民经营性收入的影响机理

3.1 核心概念界定

概念界定是理论研究的起点。只有界定清楚核心变量的内涵和边界，才能对变量之间的关系机理展开准确且不易误解的探讨。本书涉及的核心概念包括互联网发展、互联网普及、互联网使用、互联网赋能、农村居民、农户、经营性收入、创业收入等。

互联网发展，即网络化，是指把分散的计算机及各类电子终端设备联结起来，形成一个巨型的网络共同体，实现互联互通，并发挥基于连通性的资源配置集成与优化功能。通常，互联网既包括计算机互联网，也包括移动互联网，本书也是如此。本书还在整合现有文献的基础上，对互联网发展的观察采取互联网普及（宏观层面）与互联网使用（微观层面）的双重视角。也就是说，互联网发展在本书中的含义被分解成两个层面，一个层面是互联网作为一种基础设施的普及程度，另一个层面是互联网作为一种技术工具的应用情况。互联网普及，即互联网可及性的普遍化、大众化，通常采用网民规模占年末总人口比重刻画，属于宏观层面的经济变量。互联网使用则不仅反映互联网可及性，还包括互联网的具体使用，属于微观个体层面的行为变量。互联网能够发挥诸多积极作用已是普遍共识，互联网发展发挥积极作用的特点、效应和过程，统称互联网赋能。

农村居民是本书关注的群体对象，是区位意义上的概念，指常年居住在农村地区的居民，包括但不局限于职业意义上的农民概念。在第六章的沭阳案例研究中，由于涉及的群体对象是从事花木产业和网络营销的农村居民，人们习惯上称其为"花木农户""电商农户"，如果写成农村花木居民、农村电商居民则显得十分拗口，因此本书采用习惯叫法。

关于经营性收入，本书采用国家统计局在《中国统计年鉴》中所下的定义，即经营性收入指住户或住户成员从事生产经营活动所获得的净收入，是全部经营收入中扣除经营费用、生产性固定资产折旧和生产税之后得到的净收入。与经营性收入密切相关的一个概念是创业收入。首先，本书根据主流观点，定义农村居民创业是指农村居民以家庭为依托，投入一定的生产资本，通过扩大现有的生产规模、从事新的生产活动、创建或参与新的组织、开辟新的市场等途径以实现财富增加和自我发展目标的商业经济活动。农村居民的生产经营活动既包括基于自家承包地的农业生产经营活动，也包括基于创业的生产经营活动。也就是说，创业收入是农村居民经营性收入的重要组成部分，农村居民的整体创业收入增长也意味着农村居民的整体经营性收入实现增长，影响农村居民创业收入或创业绩效的因素同时也是影响农村居民经营性收入的因素。正是这个原因，前文的文献综述部分也涉及了农村居民创业的相关文献。而互联网发展对农村居民生产经营活动的影响，既包括影响基于自家承包地的农业生产经营活动，也包括影响基于创业的生产经营活动。

3.2 互联网普及对农村居民经营性收入的影响机理

3.2.1 理论基础

3.2.1.1 市场分割理论

已有文献对互联网发展与市场分割的关系进行了一些探讨（李秦等，2014；谢莉娟和张昊，2015；马述忠和房超，2020；余文涛和吴士炜，2020），另有文献聚焦市场分割对收入的影响（宋勇超和朱延福，2013；洪勇和王万山，2019），这两部分文献虽然数量不多，但仍为本书确立市场分割作为互联网普及影响农村居民经营性收入的作用机制提供了研究的逻辑和文献支撑。

市场分割一直是经济学界的重要话题[①]。市场分割与市场一体化是一个

[①] 从理论上讲，市场分割包括商品市场分割和要素市场分割，要素市场分割又可分为资本市场分割、劳动力市场分割和技术市场分割。本研究所讲的市场分割只涉及商品市场分割，暂不考虑要素市场分割。

硬币的两面，通常而言，市场一体化意味着商品流动障碍的清除。微观经济学理论指出，商品充分自由流动是市场机制发挥资源配置优势的重要前提条件。历史经验表明，市场机制作用的发挥有赖于市场的整合和统一。统一的市场能够促进市场竞争充分开展、规模经济发挥作用和市场规则逐步规范，使资源能够自由流动，并最终流向最有效率的部门和企业。

导致商品市场出现分割状态的因素大体上可分为自然因素、技术因素和制度因素三种基本类型（范欣等，2017）。自然性市场分割是指区域之间、城乡之间因受到空间距离、地形起伏、地貌特征等地理因素的制约而形成相互分隔、缺乏及时有效联动的市场格局。自然壁垒下的交通地理阻隔和运输成本增加提高了正常贸易活动开展的交易成本，致使商品无法顺畅流通，不同市场之间存在套利空间，诱发追求套利的中间商群体出现，拉长了流通链条，并且套利行为及其囤货出货策略扰动了市场供需调节，引发更大的价格波动。为解决自然性市场分割，通常的做法是不断加大交通基础设施投资，积极构建综合交通网络，这已成为我国打破自然性市场分割的先行政策。

技术性市场分割是指区域之间、城乡之间因劳动者素质、技术水平的成熟度等方面的不同而形成的相互分隔、缺乏及时有效联动的市场格局。劳动者素质、技术水平的成熟度等方面的不同，其一是制约商品生产企业和流通企业无法更加自由地选择厂址，其二是致使部分中高端产品和服务无法有效扩散到劳动者素质较低、技术能力较差的地区，其三是导致不同地区的市场信息服务质量参差不齐，尤其是农村信息入户服务，从而无法发挥公共部门对市场调节盲目性和滞后性的弥补作用。为解决技术性市场分割，通常的做法是采取多种政策鼓励措施，加快高素质劳动力、人才和技术等要素下沉到落后地区和农村地区，缩小技术性差距。

制度性市场分割是指区域之间、城乡之间因受到来自政策制定、制度安排等人为因素的制约而形成以地方保护主义为特征的相互分隔、缺乏及时有效联动的市场格局。中国正处于经济转型的关键战略时期，市场化体系建设还不是十分完善，尤其是分税制改革以来，地方政府面临的税收、就业以及经济增长的多重目标竞争愈演愈烈，导致地方保护主义和地方壁垒问题比比皆是，制度性市场分割已经成为制约中国经济高质量发展的重要因素（范欣等，2017；孙博文和雷明，2018）。一般而言，地方保护主义的具体实施形式主要有两种：一种是设立地方保护条款，比如对外来企业设置进入门槛，形成地方行业准入壁垒；另一种是对本地企业进行显性或隐性的补贴（刘瑞明，2012）。

研究表明，市场分割是影响居民劳动收入份额的重要因素，尤其对落后地区和农村居民群体不利（孙博文和雷明，2018；洪勇和王万山，2019）。这背后包含着三个逻辑：第一，区域间行政性贸易壁垒通过抬高外地商品进入本区域销售的门槛，为本地同类企业提供保护，这种保护破坏了市场的充分竞争，长期来看必然会助长产业主体的"惰性"，使市场经济模式用竞争机制去克服人性懒惰弱点的初衷无法有效实现；第二，区域间行政性贸易壁垒会阻碍企业的跨区域市场扩张，不利于产业需求规模的扩大和生产端对规模经济效应的获取（叶宁华和张伯伟，2017），商品市场分割会阻碍落后地区的好商品涌入边际回报率更高的发达地区，弱化了需求侧对落后地区创造优质高价产品的激励；第三，商品市场分割会削弱非本地企业对本地产业的技术外溢效应（Bloom 等，2013），一方面，商品市场分割遏制了本地企业对隐含在外来消费品或中间品中的那些更加先进技术的模仿学习和二次创新，无法发挥技术外溢效应对本地企业生产率的提升作用（徐保昌和谢建国，2016），另一方面，地方保护主义实施力度越大，意味着当地政府对关键资源的定价权和分配权越大，这将导致企业将更多的资源转向与政府官员建立联系等寻租活动，其结果是挤兑了企业的研发投入，助长企业的技术创新惰性（张杰等，2011）。

3.2.1.2 熊彼特创新理论

以互联网为代表的信息技术应用，本质上是一种创新驱动的转型发展过程。已有文献表明，互联网普及对创新具有显著的积极影响，与此同时，技术进步是影响农村居民经营性收入的重要因素。整合已有文献的观点与实证发现，本书确立技术创新是互联网普及影响农村居民经营性收入的一大作用机制。

1912 年，奥地利经济学家约瑟夫·熊彼特（Joseph Schumpeter）在其成名作《经济发展理论》（The Theory of Economic Development）一书中首次全面论述了以创新驱动为根本力量的经济发展理论。在熊彼特看来，创新是一个内涵十分丰富的经济行为概念，而不只是一个停留在研究发明与试验发展层面的科技实践行为概念。所谓创新，就是把一种没有使用过的"新组合"引入到生产体系之中，即建立一种新的更高水平的生产函数。具体而言，创新包括五种情形：一是发明新产品或对原有产品进行改良使其具备新的产品特性；二是采用新的生产方法，包括新的生产设备、新的生产技术、新的生产标准、新的工艺流程等；三是开辟新的市场，比如从线下到线上的渠道拓展；四是找到新的原材料或能源供应来源；五是实现新的组织形式，即组织创新、制度创新、管理创新。以此为逻辑起点，熊彼特提出，经济发展的根本动力在于创新，经济能够实现持续增长的源泉在于创新。

熊彼特还定义企业家为"实现新组合以形成新生产函数的群体"，也就是说，熊彼特所关注的企业家，其职能不再是最广义层面上的"管理"，即不再包括企业日常的例行管理工作，而是做出并执行新战略、新方案上的决定。在熊彼特看来，经济持续增长的关键因素在于企业家群体的创新精神。企业家对创新的追求背后固然有挖掘潜在超额利润的经济动机，但是，更为突出的动机是企业家对"自我实现"的人生价值的追求。这样的企业家通常拥有一些常人不具备的特质，主要包括：拥有梦想、对胜利的渴望、创造的喜悦以及坚强的意志。即便如此，企业家实现创新依然是不易之事，这是因为现实中存在一些阻碍创新的因素需要企业家去克服。首先是信息不完全，在信息不充分的情况下很多事情处于不可知状态，创新存在很大的不确定性；其次是人的惰性，创新意味着要摆脱对已经熟悉或已经习惯的事物的路径依赖性，需要克服懒惰的人性弱点；最后是来自社会环境的反作用，例如法律上或政治上存在某些障碍、受到创新威胁的集团联合起来进行抵抗、难以找到必要的合作者、一时难以赢得消费者青睐等。对此，熊彼特认为，企业家要想成功破除创新的障碍，首先要进行自我观念上及时而大胆的更新，从观念上果敢地突破原有框架和惯例的束缚；其次，企业家必须具备预测、组织和说服三种重要能力，即企业家要有前瞻的考虑，识别潜在的机会，并做出抓住机会的充分准备，并且善于动员和组织社会资源，成功地说服他人，取得他人信任，增强行动力，最终实现新组合的引入。

后来，熊彼特（1939）还进一步运用其创立的创新理论对经济周期的发生动因进行了新的解释。熊彼特指出，创新是对原有的经济结构施加"创造性破坏"，从而产生新的经济结构，但是这个过程不是连续而平滑的。从整个人类经济社会的历史发展来看，创新的种类是多样的，千差万别，创新也不是随时间变化而均匀地发生，而是时断时续、时高时低，有时频繁、有时稀疏。因此，创新对经济发展的影响就有大小之别、久暂之分，即形成升降起伏的周期性波动。当一种具有广泛影响力的标志性创新出现以后，先行者获得潜在的经济利润，并诱发大量的追随者进入，创新引发模仿和扩散，刺激大规模的投资，带来经济繁荣；当创新被模仿学习和扩散应用到一定程度时，由于同质化竞争导致盈利空间不断压缩，盈利机会逐渐趋于消失，于是投资开始萎缩，经济走向衰退。而经济要走出衰退的困境，则需要新一轮创新的出现和扩散。

20 世纪 40—60 年代，凯恩斯理论在西方抢尽了风头，而熊彼特的创新理论并没有受到足够的重视（Dabic，2011）。直到 20 世纪 60 年代以后，以 Freeman、Nelson、Lundvall 等学者为代表的新熊彼特学派复兴了熊彼特的创新理论，日益产生巨大的影响（Fagerberg 等，2009）。以 Nelson 和 Winter（1982）、Romer（1986）、Lucas（1988）、Aghion 和 Howitt（1998）等学者为代表的新增长理论将熊彼特的创新理论与演化经济学、系统理论等学科和理论相结合，强调企业家创新精神对于实现内生技术进步和经济持续增长的重要性，将知识重组视作创新的来源，更加强调企业的知识积累和组织学习，并认为政府有必要对市场经济进行适当的合理干预（Romer，1986；Freeman，1991；Nelson，1993；Lundvall 和 Johnson，1994）。

3.2.1.3　包容性创新理论

包容性创新是专门面向社会底层群体而进行的创新，针对性强，对促进农村居民经营性收入增长具有更直接的积极意义。已有少量文献初步探讨了互联网发展对包容性创新的促进作用（秦佳良等，2018；范轶琳等，2018；李红玲等，2020），为本书阐释包容性创新在互联网普及与农村居民经营性收入之间的机制作用提供了重要启迪和研究逻辑。

2007 年，亚洲开发银行提出"包容性增长"（inclusive growth）的新理念，认为好的经济增长理应具有普惠性特征，确保各阶层人群都能拥有平等参与市场、做出贡献和分享成果的机会（Ali 和 Zhuang，2007；Mendoza 和 Thelen，2008）。然而，现实情况是，目前全世界依然有超过 40 亿的人口生活在经济社会的"金字塔底层"（Base of the Pyramid，简称 BOP），他们很少享受到经济增长所带来的益处，也缺乏平等的参与机会，相反，他们还要承受环境污染、社会动荡、自然灾害、物资匮乏等种种不良后果（邢小强等，2013）。

为实现包容性增长，企业需要面向 BOP 群体和市场进行一系列"量身定做"的创新，这种创新被称为"包容性创新"（inclusive innovation）。其内涵特征主要包括：第一，创新目标的独特性。与其他创新不同的是，包容性创新强调专门面向 BOP 群体和市场，这个群体和市场有其自身独特的特点和运行规律，要求企业秉持不同寻常的理念进行具有针对性的创新。Anderson和 Markides（2007）提出包容性创新"4A 框架"，揭示了包容性创新的目标独特性，即可负担性、可接受性、可获得性与可感知性。第二，创新形式的多样性。包容性创新有着丰富的实现形式，包括思想解放、产品和技术研发、制度变革、服务和业态升级、结构调整、模式创新、渠道重构等，主要采用商业化运作方式，发挥市场经济的作用，强调可持续性发展（George 等，2012），而并非出于企业社会责任和慈善动机。第三，创新空间的广阔性。BOP 群体规模庞大，需求潜力巨大。竞争宽松的 BOP 市场环境特征也为企业开发全新技术提供了机会和可能，是企业进行破坏性创新的理想试验场地（邢小强等，2019）。第四，创新过程的互动性。包容性创新理念要求 BOP 群体本身成为解决方案的重要主体，不是简单地将 BOP 群体作为接受对象进行单向价值传递，而是企业与 BOP 群体双方进行价值共创、相互作用（邢小强等，2015）。对企业而言，BOP 市场是全新的创新环境，企业进行包容性创新必然要以开放的心态，深入到 BOP 群体内部去了解信息和情况。第五，创新绩效的综合性。有别于输血式的救济扶贫方式，包容性创新的根本宗旨在于实现 BOP 群体的内生发展，这不仅要实现 BOP 群体的脱贫增收，告别物资匮乏，还要改善他们的心智，扩大他们的权利，让他们融入现代文明，获得尊重和信任，享有幸福和实现自我。

尽管包容性创新的实现主体和方式主要依赖于企业及其商业化经营，让市场经济起决定性资源配置作用，但不可否认的是，加快包容性创新的发展离不开政府的参与和合理引导。从世界范围来看，一个明显的趋势是，各国政府越来越意识到推进包容性创新的重要性和必要性，而政策缺失将会导致包容性创新难以被接受（Altenburg，2009），因此不少国家政府正在采取积极措施以促进本国包容性创新的快速发展。例如，印度创新基金会、菲律宾农业部积极提供包容性创新方面的技术咨询服务（郝君超和王海燕，2013）。Foster 和 Heeks（2013）认为，与传统创新政策不同的是，包容性创新政策只受到其他政策（比如竞争、商业和金融等领域的政策）间接而非直接的影响。湛泳和王恬（2015）指出，围绕着扩大内需、均衡发展和产业结构升级三条作用路径，政府应构建目标明确的包容性创新制度框架，为包容性创新活动提供政策、资金支持，给予相应企业税收优惠与奖励。

3.2.1.4 节俭式创新理论

多数农村居民在创业中面临资金和资源约束，节俭式创新对于促进农村居民创业成长、获得增收具有重要的意义。局部地区观察到的客观现实以及已有文献关于互联网促进节俭式创新的论述（应瑛和刘洋，2015；曾亿武和郭红东，2016；芮正云和方聪龙，2018），为本书阐释节俭式创新在互联网普及与农村居民经营性收入之间的机制作用提供了重要启迪和研究逻辑。

节俭式创新的思想源于适用技术论，即认为低收入国家应使用更符合本地经济条件和资源禀赋的"小而美"的技术，避免浪费和污染环境，尽量满足人们最基本的需求（Schumacher，1973）。进入 21 世纪，随着新兴经济体的逐步崛起，发展中国家 BOP 群体共享创新利益的问题受到越来越多的关注，在此背景下，"节俭式创新"概念应运而生（Bhatti 等，2013）。这一概念是在确认了新兴市场三大特征的基础上提出的：一是资源约束，二是个体购买力低下、总体消费需求庞大，三是制度缺位，尤其缺乏促进商业发展的市场制度（Stiglitz，2007；Khanna 和 Palepu，2010；Mair 等，2012）。节俭式创新是面向新兴市场的全新创新范式，主要通过采用新思维、新模式、新技术、新流程、新材料与新方法来降低成本，同时尽可能提供可接受甚至是高质量水平与高性能的产品（邢小强等，2014），其本质是一种运用更少的投入为更多的人提供多元化产品和更好服务的创新活动（Prahalad 和 Maschelkar，2010）。节俭式创新主要针对中低层消费者需求进行产品创新，实现"以小博多"（Ganapathy，2015）。发达国家的前沿创新以高收入群体为目标顾客，资源基础充裕，技术来源于原创与开发，创新产品高性能、高溢价，强调结果导向，自上而下进行创新扩散；而面向新兴市场的节俭式创新则以低收入群体为目标顾客，资源基础稀缺，技术来源于整合与集成，创新产品高性价比，同时注重创新过程与结果，自下而上进行创新扩散。在企业管理层面，节俭式创新还被看作是一种能够有效突破资源约束的全新商业模式。Economist（2010）认为节俭式创新并不单纯是对产品的重新设计，还包含对整个生产过程和商业模式的重新思考。Bhatti（2012）认为在节俭式创新理念的指导下，企业将重新设计产品、变革商业模式或重构价值链条，从而改变资源使用方式，以一种灵活且可持续的方式和更低的成本服务使用者。节俭式创新下的产品具有价格实惠、结构紧致、方便易用的特点（刘宝，2015），但是，节俭式创新并非只追求造价更低，并非组件的简化，而是强调做更好、性价比更高的东西，它更是功能的重塑。节俭式创新的低成本并不意味着低技术，相反，节俭式创新经常会涉及前沿科技的运用（Boud 和 Thornton，2012）。节俭式创新在范式上可划分为成本导向型和资源环境导向型两种类别，前者侧重于降低产品成本，后者侧重于发展的生态化和可持续性（赵蓓和兰福音，2020）。

3.2.2 市场分割视角的机理阐释

理论和经验表明，市场机制作用的发挥有赖于市场的整合和统一（范欣等，2017）。让市场在资源配置中起决定性作用，要求建立统一开放、竞争有序的现代市场体系。互联网作为信息时代的一种新兴基础设施，不仅具有道路、交通运输等基础设施那种提高市场交易效率，促进降低自然性市场分割和技术性市场分割的直接作用，还能间接促进消除地方保护、优化制度设计，进而减少制度性市场分割，而市场分割的降低有助于促进流通网络发展，降低流通成本，提高流通效率，这对于提高农村居民经营性收入具有重要积极意义（图3-1）。

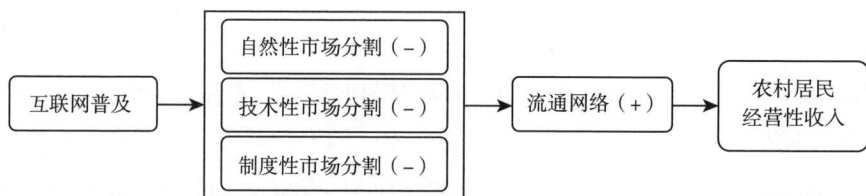

图3-1 互联网普及、市场分割与农村居民经营性收入

3.2.2.1 降低自然性市场分割

自然性市场分割是由于空间距离、地形地貌等物理因素所导致的。受制于距离、交通和传统的信息获取手段，本地市场购买者很难了解到外地市场的信息。互联网作为一种虚拟平台，能够帮助市场主体克服时空的限制和阻隔，大幅削弱空间距离带来的约束力。交易费用的存在是导致商品市场分割的主要原因，而互联网正是扮演着降低交易费用的角色（程艳和袁益，2017）。这种作用在乡村创业领域同样表现得很明显。依赖于互联网的创业体现出前所未有的开放性、无边界性和强互动性（王重鸣和吴挺，2016）。农村创业者通过触网，足不出户便可对接到广阔的外部市场，摆脱了农村市场规模小、信息封闭的束缚。本地农村市场与外部市场之间构建起快捷联系，相互影响并逐渐走向市场整合。

3.2.2.2 降低技术性市场分割

技术性市场分割是由于劳动力素质、人才和技术要素差异所导致的。在中国，长期以来推进的城乡一体化是单向的，只有农村的高素质人才迁往城市，而从城市到农村这个方向上的一体化十分薄弱（罗来军等，2014）；在技术研发与转化上，较多的技术成果应用于城市市场，而农村技术市场发育缓慢，技术水平明显落后。这些都从根本上导致城乡之间形成了技术性市场分割，这对农村居民创业增收形成约束。而互联网普及一方面使行为信息数据化，形成大数据商情信息，为经济学意义上的抽象市场在现实中的形成提供了技术支持，使价格机制可以在更大的空间内发挥调节作用（Olsson等，2013；Arya等，2014）；另一方面有助于促进劳动力、人才和技术等要素更加充分流动。学者经实证研究表明，互联网接入会显著促进返乡农民工创业（袁方和史清华，2019）。借助互联网平台，很多技术成果和技术服务能够获得推广上的规模效应，更好地由城市下沉到乡村，同时也推动一大批技术人才下乡开展服务。双向的城乡一体化体现两个方向：一个方向是从乡村到城市的一体化，该方向的重心是在城镇发展上；另一个方向是从城市到乡村的一体化，该方向的重心是在农村发展上。互联网有助于把两个方向联系和协调起来，促进城乡市场良性互动，融合发展，从而不断缩小城乡劳动者素质和技术成熟度等方面的差距，逐步从根本上弱化技术性市场分割存在的基础。

3.2.2.3　降低制度性市场分割

制度性市场分割通常是地方保护造成的贸易壁垒。互联网使得辖内企业和外地企业在线上市场平等竞争，弱化了地方保护主义和人为市场分割现象。通常，地方政府较难从限制消费的角度干预网络市场，厂商借助互联网平台可以跳过中间流通的环节直接面对消费者，避免地方政府的地域销售限制。即使政府依然通过各种方式扶植本地企业，提高其竞争力，但是消费者借助互联网平台可以有更多样的选择，他们采取"用脚投票"的方式选择外地的产品，政府对本地企业的扶持效果可能会大打折扣。随着互联网贸易对传统贸易的替代性的增强，互联网将会进一步减弱地方保护对线下市场的扭曲（马述忠和房超，2020；余文涛和吴士炜，2020）。此外，随着互联网的不断普及，"开放、平等、协作、共享"的互联网精神（李海舰等，2014）以及打造智慧型、开放型、服务型政府的理念（赵玎和陈贵梧，2013；刘淑春，2018）将逐渐被地方政府所接受、采纳和实施，进而动摇地方保护主义的根基。

3.2.2.4　市场分割与流通网络发展

对于流通网络发展而言，市场分割一方面会增加流通成本，另一方面也会阻碍流通渠道的顺利流转。统一市场的构建不仅能有效破除区域间、城乡间的流通壁垒、促进资源自由流动，同时也有助于提升流通产业效率，营造良好的营商环境，推动流通网络向更高层级发展（邓阳和王稼琼，2018）。而流通网络的优化，流通成本的下降，流通效率的提升，有助于促进农产品市场需求的提升，最终促进农民经营性收入增长。在传统的中间商收购模式下，假定农民的农产品收购价格是 P_0，单位流通成本是 C，农产品市场价格是 P_m，对应的市场需求数量是 Q，则有 $P_m = P_0 + C$；而 C 又是流通网络环节数量 I 的递增函数，即 $C = C(I)$，且 $\partial C(I)/\partial I > 0$。因此 $P_m = P(I)$，且 $\partial P(I)/\partial I > 0$，对于需求曲线而言，存在 $\partial Q(P)/\partial P < 0$，则 $\partial Q/\partial I < 0$。也就是说，给定其他条件不变的情况下，互联网通过减少流通网络环节，降低流通成本，能够提高农产品的市场需求量，促进农民增收（曾亿武等，2018）。

3.2.3　技术创新视角的机理阐释

现代经济增长的重要动力源于全社会知识积累所支撑的各领域的创新活

动（Romer，1986；Barro，1991；Barro 和 Lee，1994；Benhabib 和 Spie-gel，1994）。该理论思想同样适用于观察和解释中国农村居民经营性收入增长问题。近二十年来，农村居民经营性收入增长乏力，与农村居民创新应用不足、创新机会不多、创新水平不高等有密切关系。主导创新理论认为，创新是富裕人群的产物，小农或贫困人群基本是没有创新的。虽然该论断过于绝对化，但也在折射一个普遍现实，那就是社会底层群体与创新之间相对更容易存在距离。反过来看，如果社会底层群体能够获得创新溢出以及参与创新，那么创新将是农民发展、实现增收、摆脱低收入困境的重要动力。

互联网的普及和发展，有助于从技术创新层面促进农村居民经营性收入增长。互联网可以突破时空限制，促进了对分布式信息的处理和整合，每一经济个体都可以通过互联网享用已有的信息，并对信息进行理解、诠释和再加工，在信息分享和倍增的过程中，全社会的人力资本不断积累，推动了技术进步（Czernich 等，2011；韩宝国和朱平芳，2014）。全社会的技术创新溢出效应在互联网的帮助下，以一种更广泛、更快速的方式向农村地区传播，促进改善农村居民的技术信息贫困状况。互联网还使平台企业更加愿意并且更有能力进行包容性创新，开发农村市场，为农村居民提供服务。农民创新想法的发生源于不同知识和信息要素的互动（陈莉等，2014），互联网普及和发展为农村居民开辟了更好的创新平台，可以有效缓解农村居民信息闭塞、资源有限、服务欠缺等创新困境。归纳起来，互联网普及通过促进技术创新提升农村居民经营性收入的具体机理主要包括三个方面：一是互联网普及促进全社会技术创新溢出；二是互联网普及促进平台企业的包容性创新；三是互联网普及促进草根创业者的节俭式创新（图3-2）。

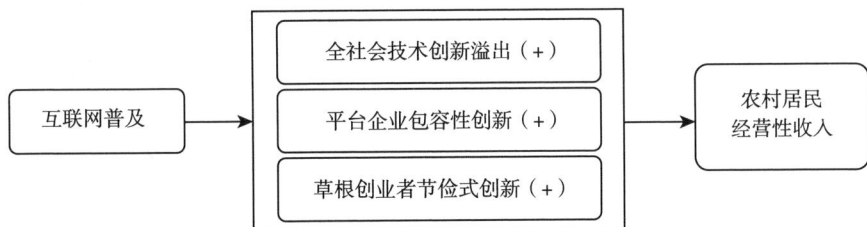

图3-2 互联网普及、技术创新与农村居民经营性收入

3.2.3.1 增强全社会技术创新溢出

第一，互联网普及促进全社会技术研发。"互联网＋"的实质是实体经济与互联网虚拟经济相融合的"跨界经营"现象，并对传统产业和基础造成"创造性破坏"。熊彼特认为，创新即建立一种新的生产函数。互联网的引入改变了全社会的生产函数，促进了生产力的极大提升，实现熊彼特式增长（Schumpeterian Growth）。当然，互联网的改变是多方面的，本书主要聚焦互联网对于促进技术研发的积极作用。互联网对全社会技术研发的促进作用主要体现在三点。首先，互联网改善了技术研发的创新模式。互联网发挥重要的平台功能，将消费者、企业、科研院校、政府等创新关联主体紧密结合在一起，创新的供给者和需求者实现零距离接触和高速率匹配，促进科学迅速转化为技术，进而支持经济社会发展。在互联网平台上，消费者从创新技术的被动接受者转为主动推动者，研发者的创新逻辑从"主观推式"转变为"客观拉式"。其次，互联网提升了技术研发的创新准度。互联网平台沉淀海量的数据，对大数据的开发和利用极大提升了技术研发的效率和精准度。大数据不仅能够准确及时向技术研发者提供市场技术需求信息和技术反馈信息，并且能够推动科技保险服务的发展，为技术研发过程的每个环节提供科技保险服务，甚至还能够预测未来的技术需求趋势，提高技术研发工作的前瞻性。最后，互联网增强了企业家的创新精神。从生产者的角度看，互联网思维是对互联网时代的企业经营理念的概括，包括用户思维、简约思维、极致思维、迭代思维、社会化思维等（赵大伟，2014）。互联网时代的企业家必须具备互联网思维才能立足和发展。而这些互联网思维的本质就是创新，通过创新更好地满足互联网用户，从而获得良性循环的网络效应。正如熊彼特创新理论所强调的，创新活动的发生主要依赖于企业家的创新精神。互联网时代是加快创新、优化创新的时代，互联网时代对企业家的创新精神提出更高的要求，同时也对这个时代的企业家形成一种推动力。

第二，互联网普及为技术扩散提供便利。信息贫困理论指出，组织化信息源的缺失构成信息贫困的重要原因。在传统的社会中，农村地区信息闭塞，农村居民对于外部的新技术成果缺乏了解，处于技术信息贫困状态。虽然政府和学者一直倡议组织成立农民专业合作社、农民技术协会，但是从现实效果来看，这些组织化资源依然没能从总体上解决这个问题。而互联网的发展有助于增强农村的组织化信息源，促进改善技术信息贫困状况。一方面，互联网可以推进技术成果的在线交易，加快技术成果转化，提高技术商品化水平，促进城市技术成果快速下沉到农村市场；另一方面，借助互联网平台，农村居民可以非常方便地了解新技术知识，获取新技术指导和服务，以及反馈自己的技术需求。因此，互联网的普及和发展对于加快技术扩散和流动、促进城乡技术市场融合发展具有重要的意义。

3.2.3.2 促进平台企业包容性创新

包容性创新理论认为，为实现包容性增长，企业需要面向社会底层群体开展一系列的包容性创新，使社会底层群体拥有平等的市场参与和共享经济社会发展成果的机会。从包容性创新的角度讲，实现农村居民经营性收入增长，需要重点为农村居民这个群体进行一些有针对性的商业模式创新，使农村居民能够顺利卷入现代产业体系之中。互联网的不断普及促进了平台企业的包容性创新水平。首先，互联网普及使平台企业能够通过线上的方式以较低成本挖掘农村市场潜力，这也就降低了平台企业针对农村居民群体特点而进行包容性创新的成本，提高其包容性创新的预期收益，对平台企业提供更加充分的激励。其次，互联网为平台企业的包容性创新扩散提供了便利渠道，降低了平台企业的包容性创新难度。最后，互联网丰富了平台企业的包容性创新手段和方式。以农村电子商务领域为例，发展农村电子商务无疑需要电商平台企业不断进行包容性创新。虽然农村地区的人力资本不如城市地区，但是电商平台企业如果能够根据农村人口的实际情况进行一些有效的创新，使电子商务的应用门槛大幅降低，那么电商平台企业将获得农村庞大的市场红利。阿里巴巴创建的淘宝平台是包容性创新的典型案例，由于其准入门槛低，为社会底层和弱势群体提供了平等参与市场的机会，造就了有名的"淘宝村"现象。此后，微博、微信等社交平台也成为农村居民开展电子商务的重要渠道。近两年，直播电商的兴起又为一部分农村居民提供了发展机遇。再以数字普惠金融领域为例，传统金融在服务"三农"时面临高成本、高风险的供给约束，导致农村居民被排斥在传统金融的门外，互联网的发展促进平台企业有条件、有能力进行相应的包容性创新，开发和推广数字普惠金融，其摆脱了地域性限制，并根据农村居民的需求设计小额、快速、灵活的贷款产品，降低农村金融业务的风险，提高风控效率。

3.2.3.3 促进草根创业者节俭式创新

在传统工业经济时代，畅销产品占市场产品种类的比例仅为20%，但畅销产品创造了市场全部产品利润总额的80%；而剩下80%的产品属于滞销产品，它们仅创造20%的利润，属于典型的"二八"定律。由于缺乏诉求表达渠道，长尾需求处于隐蔽状态，加上时空的阻隔和分割，大部分厂商为了规模经济不得不将消费者的需求进行同质化对待，开展大批量生产（谢莉娟和庄逸群，2019）。互联网时代的到来颠覆了这一状态，长尾需求开始由隐蔽转向显性化。互联网的连通性和平台化为消费者提供了极其便利的需求反馈渠道，也为生产者的快速响应、敏捷供应和精准生产提供了有力支撑。互联网充分唤醒了对长尾产品广泛开发、深度开发的可能，具体表现在长尾延伸效应和长尾抬高效应两个方面（图3-3）。长尾延伸效应是指互联网普及和应用使厂商生产多样化产品的边际生产成本大幅下降，并提升了厂商对个性化需求的感知能力，推动了产品空间的日益扩展以及产品种类的不断丰富。长尾抬高效应是指互联网普及和应用促进消费者渠道转换成本的大幅下降，激发消费者对长尾产品更强烈的搜索和购买欲望，使长尾产品的销量得到提升（Oestreicher 和 Sundararajan，2012）。

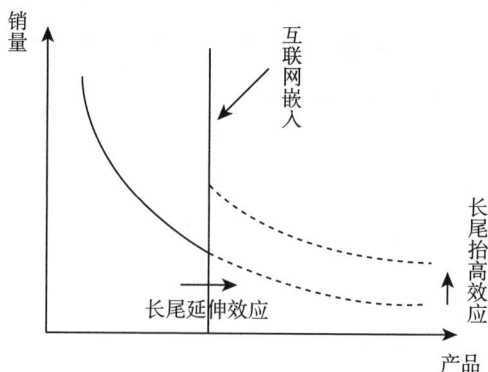

图3-3 互联网嵌入的需求长尾效应

互联网激活了长尾市场和长尾经济，相比于传统工业经济时代的大批量产品而言，长尾产品生产的资金门槛和技术门槛大幅降低，这给农村居民的草根创业及节俭式创新带来了重要机遇。草根创业具有成本导向特性和本地嵌入特性两个基本特征（曾亿武和郭红东，2016）。草根创业者通常难以承受传统创新模式的高投入，他们选择从本地入手，并且尽可能用更少的资源去提供更好的产品和服务，从而在市场竞争中获得成功。换言之，节俭式创新对于草根创业者的起步与发展非常关键。互联网的普及和发展为农村草根创业者的节俭式创新提供了更多的可能和更大的空间。互联网嵌入不仅为处于劣势地位的农村草根创业者掌握行业前沿资讯、捕捉市场机遇提供了便利，也降低了其在创新过程中与外部沟通协调的成本（芮正云和方聪龙，2018）。互联网嵌入可以让农村创业者接触到丰富的知识源，搜集更多有价值的市场信息，包括来自消费者的需求信息，在此基础上通过即兴学习与试验学习的交互，完成对模糊前端市场的有效探测和识别，从而实现基于"本土努力模式"的创新（应瑛和刘洋，2015）。

3.3　互联网使用对农村居民经营性收入的影响机理

3.3.1　理论基础

3.3.1.1　信息搜寻理论

促进信息传播、缓解信息不对称是互联网的一大重要功能。在信息经济学和情报学领域，存在着很多与信息相关的理论，其中，信息搜寻理论与本书的联系非常密切，能够为本书寻找互联网使用影响农村居民经营性收入的作用机制提供研究的逻辑。

信息搜寻理论始于美国经济学家 Stigler（1987）。Stigler 认为，信息搜寻是伴随经济主体的一种不可或缺的普遍性行为，通常买卖双方需要在广泛收集各种市场信息之后，才能确定对其最为有利的价格。也就是说，信息搜寻是必要的，好的价格必然是在搜寻的基础上识别出来的。这是因为，现实市场与完全竞争市场之间存在很大的差异，真实市场的信息是不完全的，信息的分布是非均匀的，价格信号是动态离散的。搜寻是所有信息收集活动的描述术语，信息搜寻的利益体现在发现隐藏在价格差异背后的套利机会（Mekenna，1986）。Diamond（1984）也指出，搜寻说到底就是一种评估和决策过程，信息搜寻的目的在于促进潜在的市场交易转化为现实。也就是说，对于理性的经济人而言，其搜寻行为有两层含义：一是对市场信息进行收集和分析，二是在此基础上做出相应的资源配置决策以实现利益最大化（谢康，1994）。在现实中，常见的搜寻方式有交易区域化、集中化贸易、广告、信息资源共享、直接走访、通过第三方信息机构或个体搜寻、借助通信工具搜寻等 7 种（蔡岩兵，2014）。

信息搜寻理论引入经济学的边际思想探讨搜寻活动的最优化问题。首先，经济主体搜寻信息是存在成本的，即搜寻活动本身所要花费的成本，主要包括时间成本和"鞋底成本"两方面，前者是指信息搜寻耗费了经济主体的时间和体力，后者则指经济主体搜寻过程在交通等方面的费用支出（Stigler，1961）。由于存在搜寻成本，搜寻就不可能是不受限制的，对搜寻者而言，他总是需要面临选择，那就是"继续搜寻"或者"停止搜寻"。另一方面，信息搜寻也会带来收益，因为有了更加充分的信息，经济主体才能够做出更趋向于利益最大化的正确决策，使资源得到优化配置。因此，决策过程总是在信息搜寻的成本局限和价值度量中权衡取舍（裴雷，2015）。信息搜寻理论认为，随着搜寻市场数量的增加或者搜寻市场范围的扩大，源自搜寻活动的边际收益是趋于下降的，而搜寻活动面临的边际成本会趋于递增。当搜寻活动的预期边际收益等于预期边际成本的时候，搜寻活动便会停止，因为此时搜寻活动实现了净收益的最大化（Stigler，1961）。而搜寻过度（预期边际收益小于预期边际成本）或者搜寻不足（预期边际收益大于预期边际成本）都会导致效率损失，降低供需匹配质量。

信息搜寻理论后来被主要应用到劳动经济学领域中对求职者工作搜寻行为进行分析。真实世界中的劳动力市场并不像完全竞争的劳动力市场那样具有完备的信息，而是存在信息不完全、不对称以及交易摩擦，劳动者需要花费时间、精力和货币成本去搜寻尽可能高的工资报价。学者们对工作搜寻行为的分析主要沿着两条主线展开，其一是固定样本搜寻策略，即求职者以追求最高工资期望值与搜寻成本的差额最大化为目标，依据寻访的边际收益等于边际成本确定最好的工作岗位（Stigler，1962）；其二是序贯搜寻策略，即从序列决策理论出发，认为求职者在进行搜寻的过程中，事先会确定一个心理上的最佳"保留工资"，即求职者可以接受的最低工资，一般情况下，保留工资由求职者的生活费用所决定，在理论分析过程，这一价格等同于求职者失业时的闲暇价值。求职者通过比较搜寻边际成本和边际收益的期望值决定是否继续搜寻（Mortensen，1970）。此后，考虑到企业同样需要花费时间、精力和货币成本去搜寻合适生产率水平的员工，学者们开始将劳企双方匹配函数纳入搜寻理论中，研究在市场存在摩擦情况下的双边匹配问题（Mortensen 和 Pissarides，1999）。国内应用信息搜寻理论的文献较少，只有个别学者将其应用到对农民工就业、大学生就业、农村隐性失业问题的研究中（石莹，2010；程名望等，2013；周先波等，2015；梁辉，2016）。

3.3.1.2 信息贫困理论

信息贫困理论同样为本书研究提供重要的理论基础。虽然本书关注的对象并非贫困户，探讨的议题也不是扶贫问题，但是信息贫困理论深刻揭示了信息获取对于农村居民增收的重要性，为本书确立信息获取作为互联网使用影响农村居民经营性收入的作用机制提供了理论支撑。

信息贫困是一种新型贫困现象，属于数字时代的产物。数字时代下，个人及组织需要掌握一定的信息素养和技能才能跟上社会发展的步伐，缺乏基本的信息将难以立足。Childers（1975）认为信息贫困源于不恰当的信息行为，特别是自我封闭式保护行为，它会导致个人及组织陷入一种贫困情境。Chatman（1996）认为信息贫困是一种主观感知状态，信息贫困的人认为他们自身缺乏任何能够帮助他们的信息源。换言之，信息贫困不仅仅是缺乏信息获取，还包括在个人所处的经济社会结构中自我对信息的认知。信息穷人并非没有任何信息源，而是个人不认为能获取的信息在实际生活中对自己有用。Britz（2004）从信息能力角度定义信息贫困，认为个人在特定情况下缺乏有效获取、分析和利用信息的必备能力即为信息贫困。Yu（2010）从信息需求的角度将信息贫困定义为对经济主体的信息需求得不到满足的状态描述。Shen（2013）从权利的角度考察信息贫困的本质规定，认为信息贫困本质上是一种经济、技术资源和社会权利贫困。

学者从不同角度对信息贫困是如何形成的进行了分析。从阿马蒂亚·森权利方法的角度来看，信息贫困的生成根源在于信息权利缺失，具体包括两种情形：一种是因信息基础设施建设不足导致的直接信息权利缺失，由于丧失接触信息资源的机会，个人信息素养低下，对信息资源的利用能力缺乏；另一种是因信息交换的权利不对等导致的贸易信息权利缺失，在这种情况下，市场机制的调节只会导致信息资源配置的不平等，进一步加剧信息贫困问题（于良芝，2011；相丽玲和牛丽慧，2016）。部分信息贫困与阶层分化有关，那些掌握着信息获取途径或者垄断着信息源的局外人会对边缘人群的信息行为产生影响（Chatman，1996）。偏好因素会对个人信息源的选择产生显著影响，在日常生活中，人们总是倾向于选择最熟悉、最容易接触到的信息源来获取所需的信息（Savolainen，2007）。也就是说，信息源偏好具有路径依赖特性，这种特性影响着信息主体的信息源视野。这也就意味着信息源视野的宽广程度在很大程度上取决于信息主体自己所建构的个性化信息空间（Savolainen 和 Kari，2004）。周边物理信息源的存在形式至关重要，而组织化信息源的缺失构成信息贫困的重要原因（周文杰等，2015）。

信息贫困无疑会造成不良的后果。信息贫困与经济贫困之间存在双向反馈循环累积效应，导致个体落入"经济贫困—信息贫困—经济更加贫困—信息更加贫困"的低水平恶性循环陷阱（张小倩等，2018）。研究表明，信息贫困会降低全要素生产率（贺茂斌和刘小童，2019）。处于信息弱势地位的农民会被剥夺参与经济社会活动的权利，无法借助信息技术改进生产，增加收入（Bonfadelli，2002）。反之，如果能够更有效地利用数字技术来获取与使用信息，则会以降低农户信息搜寻成本、形成较强价格效应、拓展市场参与范围以及提升人力资本等方式达到增收效果（胡伦和陆迁，2019）。解决信息贫困问题关键在于政府要发挥作用（邢小强等，2019）。Haider 和 Bawben（2007）提议解决信息贫困问题需要建立专业人才组成的信息机构，对信息贫困地区实施信息援助。郑素侠（2018）认为信息扶贫理应是精准扶贫战略的重要组成部分，政府起主导作用，加快贫困地区信息基础设施建设、加大农村地区信息产品供给力度，推进对贫困农户的信息技能培训。汪向东和王昕天（2015）提出电商扶贫的理念，建议将电子商务纳入扶贫开发工作体系之中。

3.3.1.3 人力资本理论

已有文献表明，互联网使用对居民人力资本具有显著的积极影响，与此同时，人力资本是影响农村居民经营性收入的重要因素。整合已有文献的观点与实证发现，本书确立人力资本是互联网使用影响农村居民经营性收入的作用机制之一。

有关人力资本的思想萌芽于古典政治经济学家威廉·佩第（William

Petty，1672）对人的经济价值的思考，他在代表作《政治算术》中尝试核算英国人口的货币价值。亚当·斯密（Adam Smith，1776）首次较为系统地论述了人力资本思想，将资本分为固定资本和流动资本，而固定资本除了包括厂房、机械设备等物质资本以外，还包含凝聚于劳动力身上的"有用才能"，这些才能的形成需要耗费劳动与时间，应该对所获技巧给予合理报酬。此后，从19世纪初到20世纪50年代末，经济学家提出了更加丰富的人力资本思想。但在古典和新古典的经济增长理论中，人力资本和土地等自然资源一样，被视为一种由种族、遗传和生理等先天性条件所决定的外生变量，因而一个社会人力能量的大小仅从劳动力数量的角度进行核算。

现代人力资本理论则重新认识人力能量的大小，重视劳动力要素的质量层面，提出人力资本概念以反映劳动力的质量属性，逐渐建立起系统的现代人力资本理论。现代人力资本理论的诞生源于经济学家试图对第二次世界大战以后西方发达国家经济迅速恢复并实现强劲持续增长的原因进行解释。美国著名经济学家舒尔茨（Schultz）于1960年发表了《人力资本投资》的重要演讲，标志着现代人力资本理论的建立。舒尔茨（1960）认为，人力资本是劳动者体力、知识、技术、能力等成分的经济价值集合。舒尔茨从人力资本出发，提出了一些重要事实，比如，第二次世界大战以后主要国家的人力资本增长速度快于物质资本和国民收入的增长速度；第二次世界大战以后由人力资本所促进的那部分技术进步是投入产出率提升的重要因素；第二次世界大战以后劳动力市场的工资增长动能主要来自人力资本进步。与物质资本的折旧和边际报酬递减特点截然相反的是，人力资本具有可再生、非消耗、可增值的特点以及规模报酬递增的性质。国家、企业和个人可以向人力资本进行投资，使人力资本不断积累、持续增值。舒尔茨（1961）将人力资本的投资途径归纳为五类：一是健康设施和医疗保健服务；二是在职人员培训；三是初级、中级和高级正规学历教育；四是政府部门或社会团体组织的成年人学习项目，比如农业技术推广项目；五是就业动机引致的个人或家庭迁移。基于对人力资本的认识，舒尔茨提出了一些影响深远的政策建议，包括改进税法以支持人力资本投资、政府应投资支持劳动力的迁移、加大对教育的投资等。

继舒尔茨之后，主要聚焦于在职培训这一人力资本重要投资途径研究的贝克尔（Becker，1962）是又一位对人力资本理论发展做出里程碑式贡献的经济学家。贝克尔将在职培训分为一般性人力资本培训与专用性人力资本培训，前者指劳动者通过在职培训所获得的技能是在所有企业中都可以使用的，后者指劳动者通过在职培训所获得的技能只能在所培训的那家企业中使用。对于一般性人力资本培训，在职培训所带来的边际产品收益提升全部通过工资的形式归劳动者所有，在职培训成本应由劳动者自己承担；对于专用性人力资本培训，在职培训所带来的边际产品收益提升归企业所有，在职培训成本应由企业负责承担。相比较而言，专用人力资本由于具有特定的专用性，在某种程度上可以视为企业的无形资产，其往往比一般性人力资本更容易获得企业的投资。不过，为了防止接受了专用性人力资本培训的劳动者流失到其他企业而造成培训投入损失，企业通常会安排一个高于劳动力市场均衡水平的工资制度。

经济学家丹尼森（Denison，1962）擅长利用历史统计资料对经济增长因素的贡献份额进行实证研究，丹尼森发现，教育和知识扩展对经济增长的作用越来越重要。1948—1982 年，美国国民生产总值的三分之一是通过提高劳动力素质而取得的，另有大约一半是通过技术革新取得的，而这两者都同人力资本的提升密切相关。另一位著名经济学家明瑟（Mincer，1974）从微观经济分析角度把受教育年限纳入个人收入方程，以此来计算教育投资回报率。后有很多学者在此基础上开展了大量的实证研究，普遍证明了通过教育积累起来的人力资本确实能够增加个体经济收入。

20 世纪 80 年代以后，现代人力资本理论获得了进一步发展。以罗默（Romer，1986）为代表的经济学家开创性地将知识和专业化人力资本引入经济增长模型之中，强调知识和专业化人力资本积累的收益递增属性，而且存在着资本投资刺激知识积累，知识积累又促进资本投资的良性循环，这构成了经济长期持续增长的源泉。罗默强调，国民经济的增长率会随着研发投入和人力资本的增加而增加，大力投资教育和研究开发将有利于经济增长。新增长理论的重要代表人物卢卡斯（Lucas，1988）认为人力资本的形成有两个主要来源：教育和边干边学（learning by doing），即学校教育和参加经济活动均能积累人力资本。据此，卢卡斯分别建立了基于学校教育的人力资本积累模型和基于边干边学的专业人力资本积累模型，在前者中，他将人力资本分为直接用于生产的人力资本和用于人力资本积累的人力资本，而人力资本积累的结果是整个社会人力资本水平得到提升，从而保证了经济增长的长期可持续性；在后者中，他论述了专业人力资本以代际传承的方式形成外部溢出效应。

3.3.1.4　社会资本理论

已有文献表明，互联网使用对居民社会资本具有显著的积极影响，与此同时，社会资本是影响农村居民经营性收入的重要因素。整合已有文献的观点与实证发现，本书确立社会资本是互联网使用影响农村居民经营性收入的作用机制之一。

"社会资本"一词由汉尼范（Hanifan，1916）在分析居民社区参与和社区融入时最早使用，他认为社会资本是产生于互助、同情、友谊和合作的资源，有利于个体和社区的发展，应该将之放在与物质资源同等重要的位置。时隔45年后，加拿大学者雅各布斯（Jacobs，1961）运用社会资本这一概念分析美国大城市的兴衰，认为所有的街区和邻里共同形成一个庞大的社会网络，其中蕴含着一个城市不可替代的社会资本，城市的繁荣与衰退与其社会资本状况有着重要关系。尽管汉尼范和雅各布斯对社会资本的认识和论述有点"粗糙"，但他们的思想值得肯定，为后来社会资本理论的形成和发展奠定了基础。

真正开始对社会资本进行系统诠释的学者是法国著名的社会学家布迪厄（Bourdieu，1986）。他将资本划分为经济资本、文化资本和社会资本，定义社会资本为通过占有制度化的关系网络使自己能够获得的资源集合体。布迪厄重点将社会资本聚焦在制度化的关系网络，使得社会资本这一概念不再"粗糙"，开始向"精细化"的方向发展。另一位对社会资本理论的形成做出里程碑式贡献的学者是美国著名社会学家科尔曼（Coleman，1988、1990）。科尔曼认为，社会资本存在于人际关系之中，其本质作用是为人际关系结构内部的成员提供行动上的便利。科尔曼还总结了社会资本的特性：一是具有不可转让性，二是具有公共物品性，三是与其他资本地位同等重要，均具有生产性。科尔曼是第一个明确而系统地将社会资本概念从以个人为中心转向以社会为中心的学者，为集体层面的社会资本理论研究奠定了重要基础。

美国学者普特南（Putnam，1995）使社会资本理论进入到一个被广为人知并得到广泛应用的新阶段。普特南的重要贡献在于扩展了集体层面的社会资本内涵，认为社会资本是蕴含在社会组织中的诸如网络、规范和信任之类的群体特征的总和，它们能维护共同利益，化解集体困境，避免机会主义行为，降低交易成本，促进协同合作。美籍日裔学者福山（Fukuyama，1998）同样将目光聚焦在集体社会资本，并且具体集中研究其中的社会规范部分。他认为，社会资本是一种有助于个体之间相互合作的非正式规范，包括讲究诚信、信守诺言、遵守风俗或宗教、沿袭传统、履行义务、互惠等，能够产生普遍的社会信任。

个体层面的社会资本理论在学者的思考与探索下也得到进一步发展。美国斯坦福大学知名教授格兰诺维特（Granovetter，1983；1985）提出"弱关系"和"嵌入性"两个重要概念，认为弱关系是至关重要的信息源，发挥了把个体与其他社会圈子连接起来的桥梁作用，能够提供一些不可能在自己的圈子里获得的信息。格兰诺维特指出，弱关系在求职者寻找与自己相匹配的工作中表现突出，但这一结论并不一定适用于所有国家或地区，例如中国。总体上，他对弱关系作用的审视还是引起了很多学者的共鸣。格兰诺维特还认为，经济主体的所有行为都不是独立存在的，而是嵌入的结果，是在一定的社会结构之下发生的。美国社会学家伯特（Burt，1992）开创性地从结构洞的角度定义社会资本的内涵，结构洞刻画网络结构中的个体对网络中的信息和资源的控制程度，这个控制程度便反映了其社会资本水平。具体而言，如果网络结构中的两个行动者之间缺少直接联系，他们必须通过第三者才能形成联系，那么这个第三者就在关系网络中占据了一个结构洞（structural hole）。显然，占据越多的结构洞，意味着该行动者拥有的来自结构洞的社会资本就越多，其所获得的信息、资源、发展机会也越多，权力也越大。总而言之，在伯特看来，个人在网络结构中的位置比关系强弱更为重要。普林斯顿大学教授波提斯（Portes，1995）的观点与格兰诺维特接近，认为社会资本是嵌入的结果，体现为个体通过成员资格身份从所在或相关联的社会网络结构中获得稀缺性资源的一种能力，当然，这种能力并不是一成不变的。取得成员资格身份是个人具有获取资源能力的起点。美籍华裔社会学家林南（Lin，2003）在格兰诺维特的研究基础上，提出社会资本是个体通过有目的的行动从社会结构中所获得的流动性资源。换言之，人们通过有目的的行动和投资可以获得社会资本并得到经济回报。林南指出，有三个因素影响资源的获得：一是个体基本特征差异，二是网络成员所拥有的资源禀赋，三是网络成员的关系连接强度。并且，社会结构是分层的，个体通过弱关系将获得跨层次的社会资源。

3.3.2 信息获取视角的机理阐释

在信息贫困理论看来，缺乏信息是导致经济落后的重要原因。信息贫困导致物质贫困，并形成恶性循环累积效应。对于农村居民的生产经营而言，市场信息、产品信息、气象信息、政策信息等方面的信息，都对其经营决策及绩效有着直接的重要影响。在前互联网时代的乡村地区，由于信息源不足，农村居民的信息需求得不到满足，信息不充分、不对称一直是束缚农村居民经营性收入增长的重要因素。互联网作为一种信息沟通技术，不仅能够提高信息传播速度，而且能大幅拓宽信息传播广度。农村居民通过使用互联网能够低成本、高效率地获取及时有效的信息，摆脱信息贫困与物质贫困的低水平陷阱，激活良性的双向反馈效应。

概括起来，互联网使用通过促进农村居民的信息获取提升其经营性收入的机理主要包括三个方面：一是互联网使用改善农村居民的信息获取，有助于降低农村居民的市场价格搜寻成本，提升其产品保留价格；二是互联网使用改善农村居民的信息获取，有助于提高农村居民对接中间商时的市场地位和谈判力量，提升其产品成交价格；三是互联网使用改善农村居民的信息获取，有助于增强农村居民识别和快速响应市场需求变化的能力，实现生产优化和敏捷供应（图3-4）。

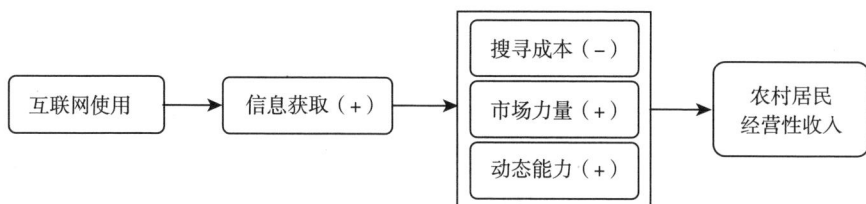

图3-4 互联网使用、信息获取与农村居民经营性收入

3.3.2.1 降低搜寻成本

信息搜寻理论认为，真实世界中的市场并不具有信息完备、价格统一的

理想状态，由于信息分布非均匀，价格总是离散而存在差异的。价格搜寻的努力就在于争取获得潜在的利益。在其他条件不变的情况下，搜寻范围越广，越有利于寻找到最有利的价格。但现实中，搜寻过程需要支付成本。在落后的乡村地区，农村居民的价格搜寻活动面临极高的成本，搜寻的不经济使他们无法获得有利的价格，增收困难。随着互联网技术的应用，这一困境有望获得明显改善。互联网能够为农村居民提供大量的市场信息，降低价格的信息搜寻成本，扩大市场搜寻范围，有助于提高农村居民的产品保留价格，实现经营性收入增长。

本书借鉴 Aker（2008）构建的中间商农产品价格搜寻模型进行数理演绎分析。假设市场只有一种同质的商品（如小米）和有限数量的农民，其中农民的收入为严格递增的凹效用函数。令农民搜寻到销售价格 p 的概率密度函数为 $f(p)$，其累积密度函数为 $F(p)$，假设农民所在区域为 j，该区域不同市场上的价格分布为 $[p_j, \overline{p_j}]$，农民了解不同市场的产品价格需要支付一定的信息成本，令农民每增加一次搜寻的边际成本为 c。

假设农民已搜寻了 n 个市场，发现除去固定成本（如运输费）后的最优净价格为 z。当农民再花额外的时间进行搜寻，对应的最优净价格为 p_{n+1}。如果 $p_{n+1} > z$，那么农民的再搜寻行为是可行的，否则是不划算的。假设 $u(p)$ 为价格为 p 时农民的利润函数，且价格越高获利越大，即 $u'(p) > 0$。如果农民搜寻成功，他的收益为 $u(p_{n+1}) - u(z)$；如果搜寻失败，则获利为 $u(z) - u(z) = 0$，那他可以在之前的市场上以价格 z 出售。因此，农民第 $n+1$ 次搜寻的边际期望效益函数为：

$$B_j(z) = \int_z^{\overline{p_j}} [u(p) - u(z)] f_j(p) \mathrm{d}p + \int_0^z [u(z) - u(z)] f_j(p) \mathrm{d}p$$

$$= \int_z^{\overline{p_j}} [u(p) - u(z)] f_j(p) \mathrm{d}p \qquad (3-1)$$

其中，$(z, \overline{p_j}]$ 是农民的获利区间。农民将对预期边际收益和继续搜寻的边际成本进行权衡，可定义其边际净收益函数为：$h_j(z) = B_j(z) - c$。净收益函数定义了一个搜寻决策规则：如果 $h_j(z) \leqslant 0$，农民将停止搜寻；如果 $h_j(z) > 0$，农民将一直搜寻，直到寻找到一个销售价格使其边际净利润高于他的保留价格 r_j ，其解为：

$$h_j(r) = B_j(r) - c = 0 \qquad (3-2)$$

公式（3-2）可以用来推导农民行为的局部均衡比较静态。将公式（3-1）代入公式（3-2），求全微分，得出：

$$\frac{\mathrm{d}r_j}{\mathrm{d}c} = \frac{1}{u'(r_j)[F_j(r_j) - 1]} < 0 \qquad (3-3)$$

公式（3-3）适用于市场 j 的所有农民。由于 $u'(r_j) > 0$ ， $F_j(r_j)$ 为累计概率密度函数， $F_j(r_j) \leqslant 1$ ，因此， $\frac{\mathrm{d}r_j}{\mathrm{d}c} < 0$ ，意味着价格的信息搜寻成本与产品保留价格之间存在负相关关系，即搜寻成本的降低会提高农民的保留价格。

3.3.2.2 增强市场力量

一直以来，农村居民经营性收入增长乏力，尤其是第一产业经营性收入，有一个很重要的原因在于信息缺乏导致农村居民市场地位居于弱势一方。通常情况下，处于产业链底端的农民对产品市场价格和消费者需求的实时信息掌握程度远远不如远道而来上门收购的中间商。中间商凭借着渠道、行情、业务经验、说服能力等方面的优势，往往能够在与农民的交易谈判过程中对农民形成垄断性压制，随中间商就市成为农民销售的软肋。而互联网的使用将有助于改善农民的市场地位，具体有两种情况。一种情况是农民借助互联网跳过中间商，直接与消费者形成供求对接，另一种情况是农民通过互联网获取更多的市场信息，能够在一定程度上动摇中间商的垄断性压制，增强农民的谈判力量，改善农民市场参与的地位（Jensen，2010），进而提高农民的销售价格。

本书借鉴许竹青等（2013）分析手机"农信通"服务功能时所采用的理论模型来进行推导分析。令 p_x 表示市场价格， p_f 表示农民的保留价格。假设每个中间商从农民那里收购一单位农产品需要花费的信息成本为 c 。假定某区域共有 N 个中间商，并且每个中间商在单位时间内找到一个农民的可能性为 $1/N$ ，那么一个中间商找到一个农民的时间花费就为 N 。令中间商单位时间的搜寻成本为 θ ，中间商收购一单位农产品的期望成本则为： $c = \theta \times N$ ，中间商购买一单位农产品的期望利益为：

$$\eta = (p_x - p_f) - \theta \times N \qquad (3-4)$$

当中间商群体可以自由进入该区域市场进行收购的时候，中间商将一直进入，直到利润等于零为止。因此，令 $\eta = 0$，则有

$$N = \frac{p_x - p_f}{\theta} \qquad (3-5)$$

也就是说，在农民保留价格 p_f 和中间商单位时间搜寻成本 θ 给定的情况下，中间商数量 N 就是市场价格 p_x 的增函数。对于任意的 p_f，中间商的进入将持续到增加的搜寻成本正好等于 p_x 与 p_f 的差值。

然而，农民的保留价格 p_f 并非常数，现实中，农民的销售意愿是通过一个适应性过程而产生决策的结果（Fafchamps 和 Hill，2008），于是，我们可定义农民的保留价格调整情况如公式（3-6）所示：

$$p_{f,t+1} - p_{f,t} = \gamma(p_{x,t+1} - p_{f,t}) \qquad (3-6)$$

参数 γ 表示农民试图根据市场价格变化及时修正自己保留价格的实现程度。显然，参数 γ 是农民市场价格信息可获性的增函数，即 $\frac{\partial \gamma}{\partial I_t} > 0$。当农民获取更多的市场价格信息，农民就能够根据市场价格变化及时修正自己的保留价格。

假设中间商进入市场不存在任何摩擦，中间商数量完全根据市场价格变化来调整。将公式（3-6）代入公式（3-5），则有

$$N_{t+1} = \frac{p_{x,t+1} - p_{f,t+1}}{\theta} = \frac{p_{x,t+1} - \gamma(p_{x,t+1} - p_{f,t}) - p_{f,t}}{\theta}$$

$$= \frac{(p_{x,t+1} - p_{f,t})}{\theta} \times (1 - \gamma) = \left(\frac{p_{x,t+1} - p_{x,t}}{\theta} + N_t \right) \times (1 - \gamma)$$

$$(3-7)$$

从公式（3-7）可以得知，如果 $\gamma = 0$，即当农民与中间商之间存在完全程度的信息不对称时，市场价格 p_x 的上升将会全部体现在 N 的增加上，中间商进入并赚取因农民无法调整其保留价格而留出来的利润；而当农民所获取的市场信息增加时，γ 上升，中间商的数量将减少，农民的保留价格提高。换言之，互联网使用通过提升农民的信息获取程度，使得农民意识到了调整保留价格的空间和机会。信息获取越充分，农民就越能最大化地调整自己的保留价格，在与中间商讨价还价的过程中占据较为有利的地位，从而获

取更高的销售价格。

3.3.2.3 提升动态能力

作为资源基础观的拓展，动态能力强调企业对外部环境变化要有一种敏锐的反应能力，及时对资源做出合理的整合与重构（Teece，2018），这对企业的经营绩效具有非常重要的积极影响（孙新波等，2019）。长期以来，缺乏对外部市场需求的有效识别、准确感知和及时响应，是导致农村居民经营性收入增长困难的重要原因。农村居民的经营决策依靠经验、依靠模仿、依靠运气，科学性和计划性弱，容易出差错，风险较大。外部市场的环境变化无法及时传导给农村居民，导致供销严重脱节，滞销现象频频发生，农民增产不增收。有了互联网以后，农村居民可以有力改善信息获取，动态能力得到提升，摆脱迟钝、被动地经营状态，进而促进经营性收入增长。具体可以分成以下两方面的逻辑。

第一，互联网平台通过实现以销定产、以销定供，为农村居民提前带来销售端的订单信息，提升了其资源配置效率和产品供应效率。互联网具有重要的平台功能，有助于促进"产—供—销"整个产业链的融会贯通。农民借助互联网平台开展预售活动，可提前获得销售端的订单信息，进而反向引导生产端和供应端做出相应的响应以及资源整合与重构。农民在生产端和供应端上告别了以往的盲目、被动，变得高效且导向清晰，避免了资源浪费和资源错配，也让产品在供应上展现更强的环境适应性。从消费者的角度看，以销定产、以销定供也更能保证产品的质量（如新鲜度），从而提升消费者的效用水平，这也是农民满足消费者需求的动态能力得到强化的一个体现。

第二，互联网平台通过实现信息集中发布、数据产品开发，为农村居民带来大量的市场信息，促进其生产经营的调整和优化。互联网可以发挥信息集聚和广泛传播的积极作用，农村居民足不出户便可以获得大量外部市场的信息，有助于弥补传统的经验积累方式的不足。传统的经验可视为一种信息要素缺乏产出弹性的生产模型，即传统的经验所积累的信息对改变产出水平的作用非常有限。传统的经验积累具有局部性、粗略性和滞缓性等缺陷（曾亿武等，2019）。互联网带来了信息流动和信息分析的显著变化，大量的信息获取有助于农村居民对基于传统经验的生产模型进行修正和完善，改变信息要素的产出弹性。大数据分析技术的不断进步使互联网平台沉淀的大量数据得到利用，平台企业陆续开发数据产品。以阿里巴巴为例，他们开发了"生意参谋"的数据产品，提供数据披露、数据分析、数据诊断、数据预测等数据服务。通过数据产品的使用，农村居民可以及时了解市场动态，并为自身产品获得一组最优参数组合，包括颜色、重量、口味、价格、物流等方面，对比发现自身经营存在哪些不足之处，以进行有针对性的改进，从而更好地做到用户本位主义。

3.3.3 人力资本视角的机理阐释

人力资本是凝聚在劳动者身上具有经济价值的体力、知识、技术、能力等成分的总和。按照现代人力资本理论的思想，人力资本在某种程度上可视为影响农村发展的核心要素，农业农村现代化发展的关键在于农民人力资本水平的提升。具体到农民创业上，已有大量研究表明，人力资本是影响农民创业绩效、收入增长的重要因素（罗明忠等，2013；朱红根和康兰媛，2014；卫龙宝和李静，2014；罗明忠和陈明，2015；刘佳玲等，2020）。农村居民的人力资本水平直接关系到其创业决策水平、创业行业选择、生产经营能力、资源整合能力、创新能力和抗风险能力，进而影响其经营性收入增长。

长期以来，与城市居民相比，农村居民现代健康知识相对缺乏，科学养生保健与健康文娱体育实践比较薄弱，农村医疗人力资源基础薄弱，乡村医生紧缺，且普遍老龄化，其诊断水平、服务质量和管理能力明显落后；农村教育条件差，教育质量低，农村居民创业学习渠道单一，心智观念传统，农村人才过度流出，高素质劳动力持续转移。如果不解决好这些问题，就难以避免乡村衰败的局面，这也是一系列"乡村病"的根源所在。从新农村建设升级到乡村振兴，意味着对农村人力资本水平提出更高的匹配要求。自上而下推进城乡均衡发展、农村内部培育与外部人才引进相结合是提升中国农村人力资本水平的必由之路。

近年来，中国农村互联网经济发展十分迅速，互联网日益成为影响农村居民人力资本的重要工具。互联网具有赋权的作用，通过赋权的路径促进农村居民综合能力的内生发展（刘亚军，2018）。赋权即提供某种权限、资格和机会，互联网的赋权作用可分为结构赋权、资源赋权和心理赋权。结构赋权，即互联网有助于改善客观的外部条件和消除结构性障碍；资源赋权，即互联网有助于对本地资源的识别以及为本地导入更多的外部资源；心理赋权，即互联网有助于增强对资源、能力获得的感知作用，提升主观效能感和自我发展意识。关于互联网使用对农村居民人力资本的作用机理，本书分别从健康型人力资本和智力型人力资本两个方面进行阐释（图3-5）。

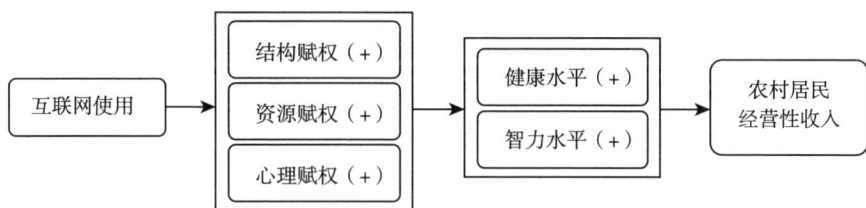

图3-5 互联网使用、人力资本与农村居民经营性收入

3.3.3.1 提升健康水平

第一，结构赋权：互联网改善医疗保险运行条件。一直以来，受城乡二元经济结构及分治格局、自上而下的渐进性改革思路以及属地化管理原则的深刻影响，中国社会医疗保险城乡统筹工作推进较为缓慢（孙淑云，2015）。互联网发展有助于改善客观的运行条件，促进消除结构性障碍。这主要体现在互联网为解决城乡医疗保险的衔接问题、缩小城乡医疗保障差距、提高医疗保险体系运行效率提供了技术支持。具体地，以互联网为代表的信息技术可推动政府建立信息化的医保经办服务平台，提高医保经办机构的服务水平和工作效率，并且推进城乡医保全国联网，实现异地就医治疗费用直接结算。农村居民通过使用互联网便可以进行医院就诊的预约、医疗物品的购买和会诊费用的支付。

第二，资源赋权：互联网推动优质医疗资源下沉。乡村医生承担农村居民健康的"守门人"角色，可现实中，医疗人才短缺成为制约中国农村医疗卫生事业发展的重要瓶颈。经济回报和职业回报的双重不足是导致乡村医疗人才短缺的关键症结（赵黎，2019），短时期内很难解决。此外，医疗设备等级较低，医疗物资不够丰富等问题，也是农村医疗落后的重要体现。互联网有助于发展惠及农村的远程医疗会诊，使城镇地区的优质医疗资源得以下沉到乡镇地区。农村居民使用互联网便可以在家开展网上健康咨询、线上视频会诊，既提高了就诊的便利，又有助于提升就诊的质量，获得更好地治疗。

第三，心理赋权：互联网促进健康保健知识传播。在农村地区，相当部分的农村居民缺乏基本的健康保健知识，也缺乏对健康保健知识重要性的感知，导致有病不知、有病不治、小病拖成大病等现象频频发生。随着越来越多农村居民使用互联网，互联网逐渐发挥出增强农村居民对健康保健的重视意识和主观效能感的积极作用。农村居民通过互联网可以非常方便地搜索到各种健康保健知识和疾病知识，提高对疾病的预防能力和治疗能力。农村居民还可以在线上获取各种健身和体育锻炼的方法，包括广场舞、瑜伽等课程视频资源，甚至还可以分享和记录自己的健身心得和经历、用健身做公益等。

3.3.3.2 提升智力水平

第一，结构赋权：互联网诱导人才回流农村。互联网有助于改善农村的客观创业条件，消除一些创业的结构性障碍，诱导部分外出求学、工作和创业的人才回流农村，有力补充农村人力资本存量。数字可接入性的提升有助于增加部分农村地区对外部人力资本的吸引力（Roberts 和 Townsend，2015）。在城市奋斗的部分年轻人，在识别网络创业机会以后，会选择返乡从事网络营销或者为农村电商创业者提供专业的电商服务。以前，年轻人不愿意回农村是因为农村的市场太小，他们预期自己回到农村以后赚不到什么钱。有了电子商务以后，凭借一根网线，即使是在农村地区，年轻人同样可以对接外部的广阔市场。年轻人返乡为农村地区注入了新的发展活力，他们带来了新的思想、知识和技术。在一些农村地区，外出青年返乡创业，他们负责利用互联网开拓市场，而老一代农民主要负责原本已存在的生产环节，他们与新农人群体之间形成紧密的供应链关系和鲜明的产销分工格局（曾亿武和郭红东，2016）。

第二，资源赋权：互联网促进双元创业学习。创业学习是创业者在创业过程中积累和生产知识，以实现机会的识别和开发、资源的获取和利用以及新创组织的建立与发展。创业学习对农村居民生产经营活动具有重要的积极影响，农村经营者在拥有人格特质的基础上，通过不断学习，产生叠加效应（罗明忠和陈明，2014）。互联网使用通过促进农村居民的双元创业学习（即探索式创业学习和利用式创业学习）提升其人力资本和创业绩效（黄美娇和李中斌，2019；姚柱等，2020）。探索式创业学习，即创业者改变以往的固有认知结构，以一种探索和创新的方式获得和积累新的知识，强调知识的深度，其结果可能是产生与众不同的决策行动；利用式创业学习，即创业者在已有认知结构和经验的基础上进行相关知识面的拓宽，填充并完善现有的知识结构，强调知识的宽度，其结果往往是形成更为稳定的决策模式。随着互联网尤其是移动互联网终端的快速普及，互联网成为农村居民自发开展创业学习的新方式、新途径。农村居民通过互联网可以接触到更多的市场信息与知识（Tom，2016；王金杰和李启航，2017）。互联网提供丰富的创业学习形式，例如虚拟社区聊天、观看视频和直播、数字阅读、参加线上会议论坛、网络培训远程教育等。以往农村居民的创业学习主要是基于乡土社会的日常交流和传统的"师徒"跟班学习，获取的主要是默会知识和沿袭下来的传统经验，封闭性较强，而基于互联网的创业学习具有知识来源广、知识获取方便等优势，能够有效吸收显性知识、前沿知识。农村居民一方面借助互联网可以学习到一些新知识；另一方面也可结合自身的知识、经验和目的，通过对互联网资源的搜索和学习进行自我完善（姚柱等，2020）。农村居民通过信息网络在收集信息、加工信息、整合信息、利用信息、开发信息和传播信息的过程中获得知识和技能提升，形成新的人力资本（王建华和李俏，2012）。

第三，心理赋权：互联网改善农民心智模式。心智模式是人们在大脑中构建起对外部现实世界的认知模型，包括那些深植于个人心中关于自我和外部世界的感知、判断和领悟（杨海娟，2016）。在落后的农村地区，农村居民的心智模式受到来自个体素质、传统观念、家庭教育等方面的影响，呈现相对不健全的状态，与现代化发展要求无法匹配，如贫穷化、保守化的心智模式。曾有学者将农村居民的贫穷观念概括为四种主要的表现类型：一是听天由命、主观能动性不足的人生观，二是得过且过、缺乏奋斗欲望的幸福观，三是小农本位、视野狭窄的生产观，四是好逸恶劳、抱残守缺的劳动观（刘亚军，2018）。我国自古以来重农抑商、保守求稳的传统思想禁锢着部分农民的心智，使他们情愿守着一亩三分地，封闭且固化，不愿意接受新事物，不敢冒半点风险。随着互联网时代的到来，农村居民那些落后的观念和心智模式将得到改善。互联网开阔了农村居民的视野，在潜移默化中改善着农村居民的心智，使他们对外部现实世界的认知发生调整，他们的发展意识以及对新生活的追求心态逐渐被激活。互联网有助于提高农村居民对新知识和新技术的效能感知，激发他们的主观能动性，促使他们积极地改变和提升自己（周冬，2016）。互联网思维、互联网精神、互联网理念以及电商平台的一系列制度设计也在不断引导农村居民具有更强的市场意识和诚信经营意识（刘亚军，2018；曾亿武等，2019）。

3.3.4　社会资本视角的机理阐释

社会资本理论认为，个体的行为和决策不是独立发生的，而是嵌入在一定的经济社会结构之中，受到周围环境以及与他人联系的影响。社会交往的增加有利于促进个体社会资本的积累，而社会资本对于创业具有十分重要的作用，这一点在中国的"关系型"乡土社会中表现得尤为明显，大量研究表明社会资本能够显著促进农民创业增收（张克中，2010；周晔馨，2013；丁高洁和郭红东，2013；路惠玲等，2014）。一方面，信息和默会知识会沿着社会网络进行传播和扩散，社会交往多的农村居民，其社会网络越广，触碰各种信息和默会知识的概率更高，这相当于一个创业学习过程，有助于提升其创业警觉性和创业感知，促使创业机会的识别、创业动机的产生（罗明忠和邹家瑜，2012；郭红东和丁高洁，2012；郭红东和周惠珺，2013；杨学儒和杨萍，2017）；另一方面，社会交往多的农村居民拥有更加丰富的社会资本，蕴藏在社会资本背后的各种经济社会资源（例如资金、人力）对其创业行为的选择、创业方案的实施、创业风险的消解发挥积极的支撑作用（蒋剑勇等，2014；俞宁，2014；罗明忠和张雪丽，2017；曾亿武等，2019）。社会资本的这些积极作用最终都会转化为农村居民创业绩效的提升（朱红根，2012；赵佳佳等，2020）。

互联网具有无边界化、即时传递的特点，在互联网不断普及的背景下，居民社会交往的形式和范围呈现多元化、扩大化、快速化等特点。在农村地区，互联网正日益为农村居民的社会互动提供前所未有的极大便利，增进了农村居民的社会交往，促进了农村居民社会资本的积累。有学者研究表明，线上的虚拟社会网络显著促进农民电商创业绩效提升，并且线上虚拟社会网络的增收作用比线下现实社会网络的增收作用更大（吴春雅等，2020）；互联网使用通过社会网络对居民收入流动起到了重要作用，具体表现在抑制收入向下流动和促进收入向上流动两个方面（韩长根和张力，2019）。但现有文献对互联网使用影响农村居民社会资本的具体机理缺乏总结和深入剖析。本书认为，互联网使用通过增进农村居民的社会交往，对农村居民社会资本产生三个方面的影响：一是互联网使用促进提升农村居民的强连带关系；二是互联网使用促进提升农村居民的弱连带关系；三是互联网使用促进填补农村居民与购买者之间的结构洞（图 3-6）。

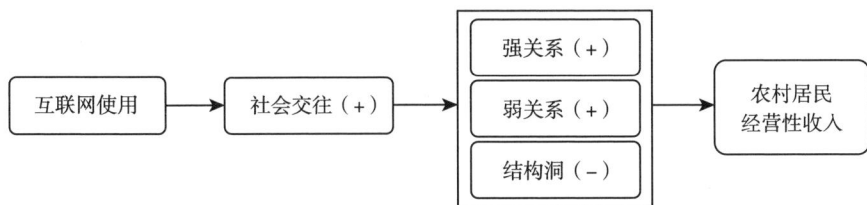

图 3-6 互联网使用、社会资本与农村居民经营性收入

3.3.4.1 提升强关系

社会资本理论指出，一个节点与其关系较为紧密、经常交互信息的其他节点之间构成强连带关系（Granovetter，1983），对个体产生持久而稳定的影响。中国农村是一个乡土社会，强连带关系位于差序格局的内层圈，以血缘、地缘为基础。相比于前互联网时代的人际联系方式，基于互联网的人际联系具有及时、便利、低成本等无法比拟的优势，能够广泛地加强人们之间的交流和联系。互联网使用有助于农村居民快捷实现"一对一"、"一对多"、"多对多"等不同形式的交流和互动，为维持已有亲密联系、发展强关系提供便利（张景娜和张雪凯，2020）。互联网使农村居民可以高效率、低成本维护和扩大强连带关系，与更多的强连带关系网络节点产生互动和交流，比以往更能接触到来自强连带关系网络节点的新信息和新知识，从而提高了自身的创业能力，促进经营性收入增长（杨学儒和邹宝玲，2018）。此外，现实中存在一部分农村居民由于性格等原因而不擅面对面交流，即便与亲友之

间也是如此。而互联网具有一种"社会补偿效应"（social compensation），即网络的虚拟性、匿名性为现实生活中因性格等原因而不擅交流的个体提供了一条突破自己、表露自己的可行途径（McKenna 等，2002）。当这些性格内向的个体感到在网上能够更好地表露自己时，他们倾向于在网上获得紧密的人际关系，并往往会随着时间的推移，逐渐把这种虚拟关系延伸到其真实的生活当中（McKenna 和 Bargh，2000）。

3.3.4.2 提升弱关系

弱连带关系是指社会网络中一个节点与另一个节点交互间接且不紧密社会关系。弱连带关系有着自身的重要价值，即能够提供一些与强连带关系圈差异较大的信息和知识（Granovetter，1983）。正是这些弱关系的存在，才使差异化信息能够在不同的圈子中流动。生产经营者需要创新精神，需要不断创新产品和技术才能赢得市场，从这个角度讲，农村居民的生产经营既需要强连带关系提供资源，也需要弱连带关系提供新的信息，以避免封闭性和盲目性。互联网的使用有助于扩大农村居民的社会交往范围，不仅有来自熟人社会已有的强连带关系，还能让农村居民在虚拟社区中建立起新的弱连带关系（吴春雅等，2020），而且随着时间的推移，农村居民可能会将其中的部分弱连带关系转化为新的强连带关系。互联网使用使维系这些弱连带关系变得便捷和成本低廉，大大强化了弱连带关系节点之间的联系频率。Hampton 和 Wellman（2003）研究证实，网络虚拟社区的参与能够有效改善现实中的邻里生活，促进邻里之间的交往，使用互联网进行虚拟社交的居民比不上网的居民要认识更多邻居，拥有更多的弱连带关系。互联网还使得具有共同兴趣或目标的来自五湖四海的人们之间可以建立一种新关系，这些新的弱关系可能会为他们提供一些重要信息和崭新知识，催生新的生产经营机会，提升生产经营收益。

3.3.4.3 填补结构洞

伯特提出的结构洞社会资本理论让人们深刻认识到社会网络所处位置的重要性，个体拥有的结构洞越多，意味着他在所处的社会网络中具有越高的地位，对信息和资源的控制能力也越强（Burt，1992）。从结构洞的角度来看，多数农村居民的周围布满结构洞，但这些结构洞并非他们所占据的，换言之，多数农村居民在其所在的社会网络中总是居于较低的地位，处于弱势的网络位置，尤其是在农产品生产者与消费者之间存在着大量的结构洞。在传统的商业模式下，生产者与消费者位于农产品供应链的首尾两端，两者之间几乎完全是分离的状态，通常没有进行直接的联系，这极易导致较为严重的产销信息不对称。互联网的使用有助于填补农产品生产者与消费者之间的结构洞，使农村居民与目标用户群体之间建立起一些微弱的联系，扩展了农村居民的社会网络（许竹青，2015）。这些微弱联系在今后进一步的互动和交流过程中，有可能得到增强，发展为弱关系甚至强关系，从而使这部分结构洞不复存在。互联网可以实现农村居民和消费者之间的直接互动，在反复互动中消费者可以了解到农民的生产过程等方面的信息，从而形成认同、信任和黏性（曾亿武等，2018）。占有和填补农村居民和消费者之间结构洞，才能使产销信息有效结合。互联网的这些作用对于社会网络较小、信息渠道较少的农村居民来说尤为关键和重要。随着互联网的发展与普及，越来越多的农村居民的社会网络将随着结构洞的减少和消失而进一步扩大，农村居民的社会网络地位也会随着结构洞的减少和消失而进一步提升。

3.4 本章小结

本章在界定核心概念的基础上，分别对互联网普及促进农村居民经营性收入增长的作用机理和互联网使用促进农村居民经营性收入增长的作用机理进行了理论阐释。总的来说，互联网普及通过降低市场分割和提升技术创新两个路径对农村居民经营性收入产生增长效应，而互联网使用通过促进信息获取、提升人力资本和增加社会资本三个路径对农村居民经营性收入产生增长效应。互联网作为信息时代一种新兴基础设施建设，不仅具有道路建设、交通运输等基础设施建设那种提高市场交易效率、降低自然性市场分割和技术性市场分割的直接作用，还能间接促进消除地方保护、优化制度设计，减少制度性市场分割，而市场分割的减弱有助于改善流通网络。互联网普及有助于促进全社会技术创新溢出、平台企业的包容性创新以及草根创业者的节俭式创新。互联网使用改善农村居民的信息获取，有助于降低农村居民的市场价格搜寻成本，提升其产品保留价格；有助于提高农村居民对接中间商时的市场地位，增强谈判力量，提升其产品成交价格；有助于增强农村居民识别和快速响应市场需求变化的能力，实现生产优化和敏捷供应。互联网使用通过产生结构赋权、资源赋权和心理赋权三方面作用促进提升农村居民的健康水平和智力水平。互联网使用还促进提升农村居民的强连带关系、弱连带关系以及填补农村居民与购买者之间的结构洞。

4 实证研究一：互联网普及对农村居民经营性收入的影响

4.1 互联网普及与农村居民经营性收入：描述统计

4.1.1 中国互联网普及率及演变趋势

4.1.1.1 中国互联网普及率的整体情况

全球互联网始于 1969 年阿帕网的创建，而中国直到 1994 年才正式接入国际互联网。随着四大互联网主干网络的相继建设，中国互联网开始进入快速发展期，网民规模不断扩大，互联网普及率节节攀升。2006—2010 年是中国互联网普及率增长最快的时期，互联网普及率每年上升 5 到 6 个百分点。2008 年，中国网民人数超过美国，成为全球网民最多的国家。2011 年以后，互联网普及率的增速有所放缓，但互联网用户的规模效应已经显现，基于互联网的创业创新开始蓬勃发展，"互联网＋"成为新潮流。截至 2018 年 12 月底，中国网民规模达到 8.28 亿人，互联网普及率（网民规模占年末总人口比重）为 59.6%（图 4-1）。

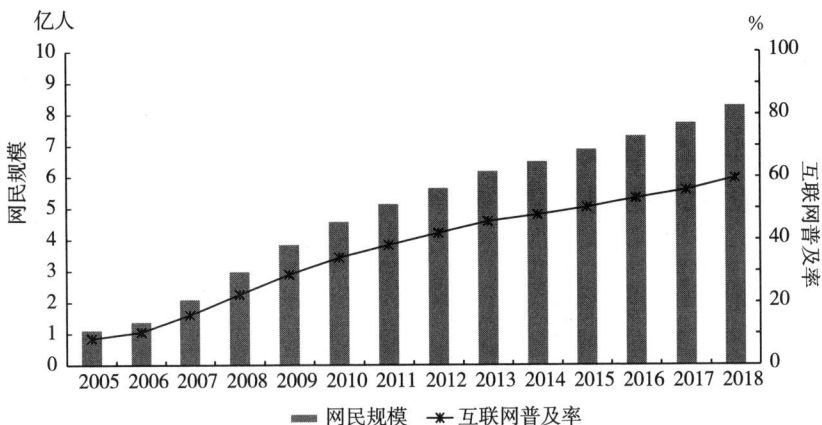

图 4-1　中国网民规模和互联网普及率

4.1.1.2 中国互联网普及率的区域差异情况

中国互联网普及率存在一定程度的区域差异，其基本特征是，东部地区互联网普及率领先于中西部地区，而中部地区和西部地区的水平接近。2005年，东部、中部和西部地区的互联网普及率分别是13.1％、5.8％和6.0％。此后数年里，东部地区扩大领先优势，到2012年，东部、中部和西部地区的互联网普及率分别是54.0％、34.4％和34.3％，东部地区比中部和西部地区多出19.6和19.7个百分点。2013年以来，中西部地区互联网普及加快，与东部地区的差距逐渐缩小，到2018年，东部、中部和西部地区的互联网普及率分别是63.9％、51.4％和48.7％，东部地区比中部和西部地区多出12.5和15.2个百分点（图4-2）。

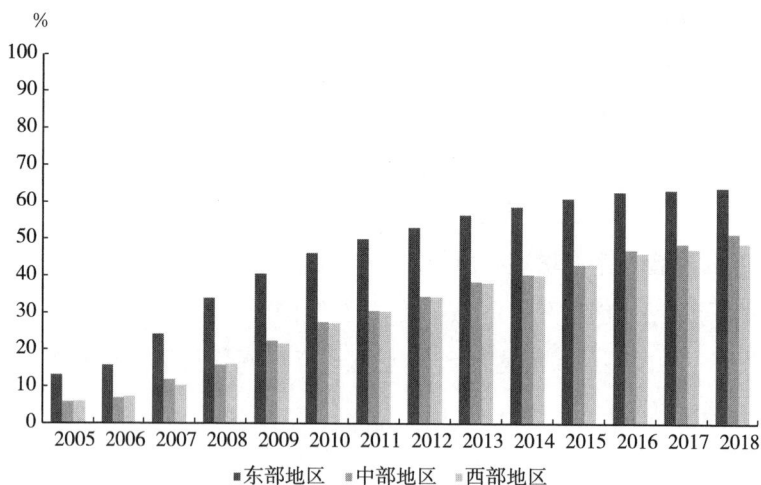

图4-2 中国三大地区互联网普及率

4.1.1.3 中国互联网普及率的城乡差异情况

中国城乡互联网普及率的绝对差距较大。2005年，城镇和农村的互联网普及率分别是19.6％和2.6％，绝对差距是17个百分点；2018年，城镇和农村的互联网普及率分别是74.6％和38.4％，绝对差距扩大到36.2个百分点。但是，城乡互联网普及率的相对差距总体呈现不断缩小的趋势，城乡互联网普及率的比值从2005年的6.5缩小到2018年的1.9（图4-3）。

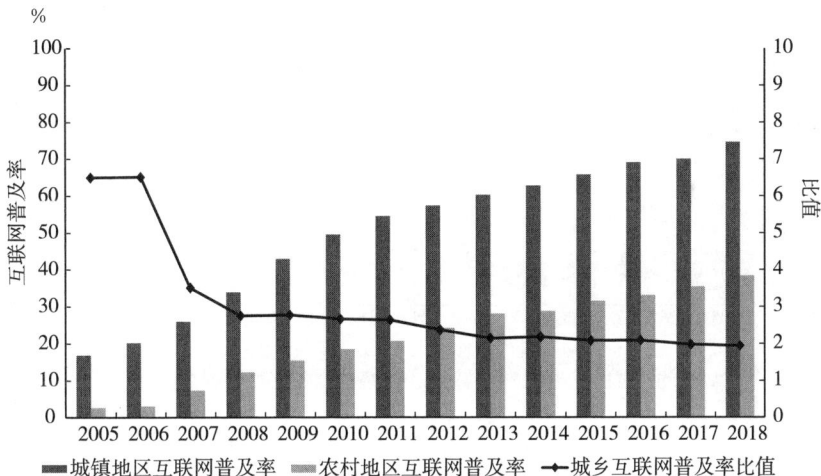

图 4 - 3 中国城乡互联网普及率

4.1.2 中国农村居民经营性收入及其演变趋势

4.1.2.1 中国农村居民经营性收入的整体情况

从 2004 年开始，中共中央、国务院连续多年发布以"三农"为主题的 1 号文件，强调"三农"问题在我国社会主义现代化建设时期"重中之重"的地位。2005 年，中央政府提出要扎实推进社会主义新农村建设，农业农村现代化进入一个新的发展阶段，农村居民持续增收，这一时期由于工资性收入快速增长，经营性收入增长速度相对缓慢，农村居民经营性收入占可支配收入的比重逐年下降。2005 年，农村居民人均经营性收入 1 844.5 元，仅比上年增长 5.6%，农村居民人均可支配收入 3 254.9 元，经营性收入占可支配收入的比重是 56.7%；2009 年，受国际金融危机影响，农村居民人均经营性收入仅环比增长 3.7%，创改革开放以来最低增速纪录，此后在 2010—2013 年实现复苏，保持 10% 左右的环比增速；2014 年以来，农村居民收入增速放缓，2018 年农村居民人均经营性收入 5 358.4 元，仅比上年增长 6.6%，农村居民人均可支配收入 14 617.0 元，经营性收入占可支配收入比重下降到了 36.7%。2005—2018 年的 14 年里，经营性收入的占比下降了 20 个百分点（图 4 - 4）。

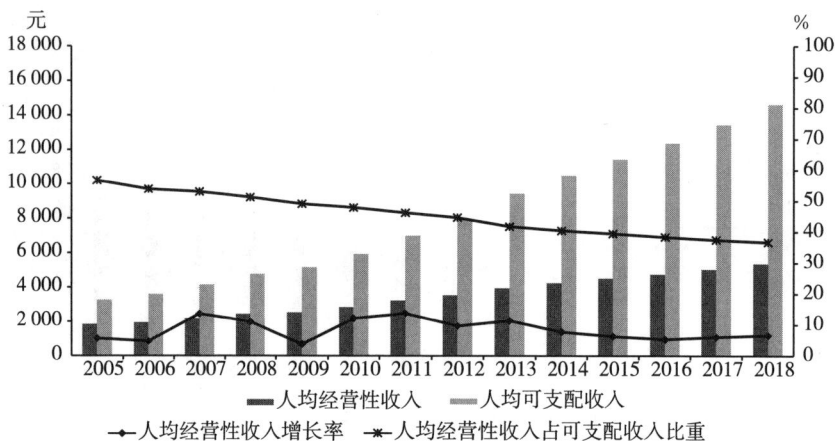

图 4-4　中国农村居民人均经营性收入整体情况

4.1.2.2　中国农村居民经营性收入的区域差异情况

中国东部、中部和西部三大地区农村居民经营性收入水平总体呈现由高到低的梯形状态。2005—2018 年，东部地区与中部地区之间的农村居民经营性收入差距经历了一个先缩小、后扩大的变化过程。西部地区农村居民经营性收入水平相对落后，由于增速相近，东部地区和西部地区的农村居民经营性收入总体保持一个稳定的差距。2005 年，东部地区农村居民人均经营性收入是 2 146.2 元，比中部地区的 1 832.0 元多 314.2 元，比西部地区的 1 479.9 元多 666.3 元；2018 年，东部地区农村居民人均经营性收入是 5 722.5 元，比中部地区的 5 417.4 元多 305.1 元，比西部地区的 4 736.0 元多 986.5 元（图 4-5）。

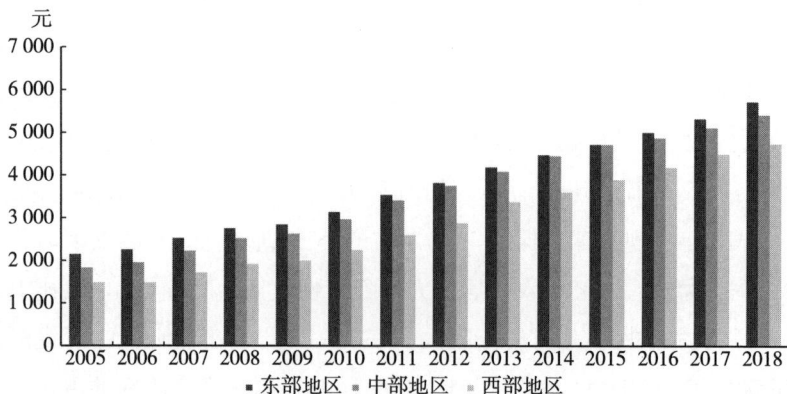

图 4-5　中国三大地区农村居民人均经营性收入

4.1.2.3 中国农村居民经营性收入的三产差异情况

按照农村居民家庭经营从事的产业，家庭经营性收入可以分为第一产业经营性收入、第二产业经营性收入和第三产业经营性收入。农业的产业特性和家庭的社会经济特性决定了农业生产适合家庭经营，改革开放以后，家庭联产承包责任制的实施使农业经营单位回归家庭，获得经营自主权的农民可以根据市场需求变化主动调整生产结构，发展多种经营，大大提高了家庭经营性收入在农村居民收入中的地位，并且第一产业经营性收入构成农村家庭经营性收入的主要部分。现代工业的产业特性决定了大规模工业品生产采取公司经营的形式更具效率，以乡镇企业为代表的农村工业化进程主要影响在于推动农村居民工资性收入增长，而对第二产业经营性收入增长的带动作用较小，第二产业经营性收入对农村居民人均经营性收入的贡献最小。2005—2018 年，农村居民人均第一产业经营性收入和第二产业经营性收入总体保持稳定增长，而随着国民经济社会的持续发展，内需消费的不断升级，农村产业结构服务化迎来空前机遇，农村居民人均第三产业经营性收入从 2013 年开始发力，呈现较快增长的势头。2018 年，农村居民人均第一产业经营性收入、第二产业经营性收入和第三产业经营性收入分别达到 3 489.5 元、378.4 元和 1 490.5 元（图 4 - 6）。

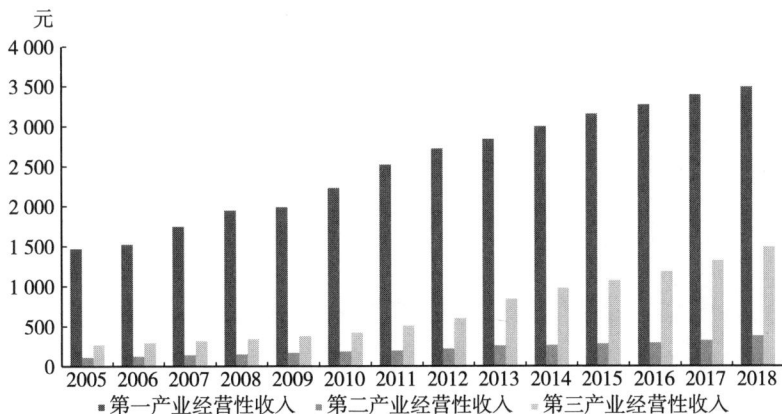

图 4 - 6 中国农村居民经营性收入的三产构成

4.1.3 互联网普及率与农村居民经营性收入的相关性

相关性反映变量之间演变趋势的近似程度，具有因果关系的变量之间必然具有较强的相关性，在回归之前进行相关性分析有一定的意义（马慧慧，2016）。数据分析显示，互联网普及率与农村居民人均经营性收入之间存在较强的正相关关系，具体地，2005—2018 年的 Pearson 相关系数、Spearman 相关系数和 Kendall 相关系数分别是 0. 875 9、0. 921 6 和0. 742 4，总体上比较接近于 1。

图 4 - 7 展示了中国 31 个省份 2005—2018 年互联网普及率与农村居民人均经营性收入的散点图及线性拟合关系。正如相关系数所显示的，互联网普及率与农村居民人均经营性收入之间存在明显的正向关系，随着互联网普及率的提升，农村居民人均经营性收入趋于上升。但该关系仅仅是描述性统计的结果，现实中，影响农村居民经营性收入的因素十分复杂，在没有剔除其他影响因素的情况下，这种拟合关系并不能精确地反映互联网普及与农村居民经营性收入之间的真实关系。可靠的结论还有待于采用计量回归模型进行分析。

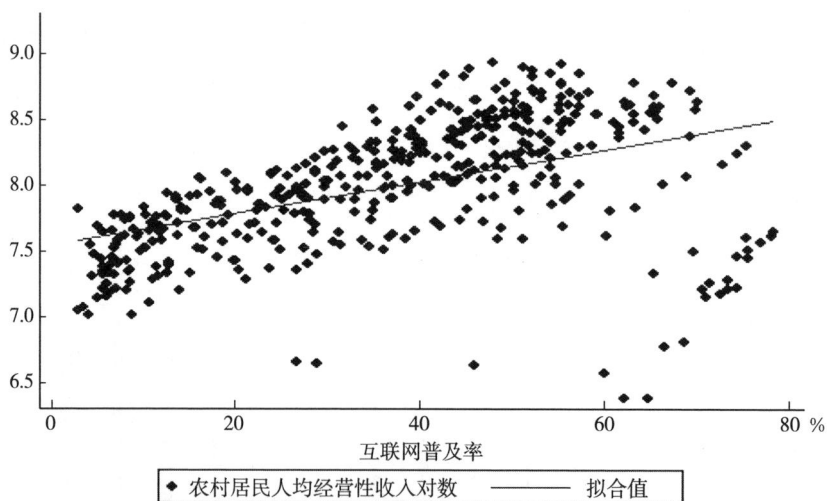

图 4 - 7　互联网普及率与农村居民人均经营性收入的拟合关系

4.2　互联网普及与农村居民经营性收入：效应评估

4. 2. 1　因果识别策略

4. 2. 1. 1　计量模型构建

为实证检验互联网普及对农村居民经营性收入的影响效应，构建面板数据模型如下：

$$income_{it} = \beta_0 + \beta_1 Internet_{it} + \beta_2 X_{it} + \varepsilon_{it} \quad\quad (4-1)$$

在公式（4-1）中，i 代表省份，t 代表年份，$income$ 代表农村居民经营性收入，$Internet$ 代表互联网普及程度，X 代表一组控制变量，ε 代表随机干扰项，β_0 代表常数项，β_1 和 β_2 分别代表核心解释变量和控制变量的估计系数。

在普通的面板数据回归分析中，需要首先确定模型的形式。具体而言，根据数据反映出来的信息可以采用混合回归、固定效应回归和随机效应回归这些模型形式，而固定效应模型又可分为个体固定效应模型、时间固定效应模型和双向固定效应模型。通过 Hausman 检验可以判定是否拒绝随机效应模型，通过标准的 F 检验、BP 检验并结合模型的可决系数、经济含义的合理性可综合判断是否应采用混合回归、时间固定效应、个体固定效应以及双向固定效应（Hausman，1978；Breusch 和 Pagan，1980；骆永民和樊丽明，2012）。选用上述方法进行假设检验后，本书最终选择双向固定效应回归模型。

4.2.1.2　变量设置与描述统计

被解释变量是农村居民人均经营性收入。在进行回归之前，本书采用消费者价格指数平减以剔除物价因素的影响，然后进行对数化处理。

核心解释变量是互联网普及程度，采用互联网普及率衡量，即各省网民人数占各省年末总人口的比重，该指标数据可从《中国互联网络发展状况统计报告》和《网宿·中国互联网发展报告》直接获得，无需计算。

控制变量方面，本书借鉴前人研究经验，结合数据可得性，选取人均生产总值、公共财政支出、对外贸易、工业化、产业结构服务化、农业现代化、城镇化、技术创新水平、人口素质、政策环境等 10 个变量。已有研究表明，农村居民收入与经济发展水平具有重要关系，而人均生产总值是衡量一个地区经济综合实力的常见指标（Hays 和 Goldsmith，1969），因此本书加入人均地区生产总值作为控制变量，在进行回归之前，首先对其进行平减化和对数化处理。公共财政支出对农村居民收入具有重要的影响，同时中国各地区的财政政策偏向性可能对农村居民收入具有不同的影响（雷根强和蔡翔，2012；Liu 和 He，2019），本书采用政府财政预算支出占 GDP 比重衡量公共财政支出。有学者研究指出，经济对外开放对发展中国家农村居民收入具有重要的影响（Yang 等，2011），因此本书也将其加入控制变量中，采用进出口总额占 GDP 比重衡量。武小龙和刘祖云（2014）认为，伴随工业化和产业结构服务化的发展，大量农村富余劳动力被吸收，这有助于增加农村居民收入，因此本书引入工业化和产业结构服务化作为控制变量，分别采用第二产业增加值占 GDP 比重和第三产业增加值占 GDP 比重衡量。农业现代化水平也是影响农村居民收入的一个重要变量（周振等，2016），本书采用单位面积耕地的农业机械总动力作为农业现代化水平的代理变量，即以农业机械总动力除以农作物播种面积。城镇化水平对农村居民收入的影响已被学者关注和研究（Wu 等，2019），因此本书加入城镇化率，即城镇常住人口占总人口的比重作为控制变量。技术进步对农业农村发展非常关键，区域创新水平越高，农村居民在新技术的扩散应用过程中越受益（Dyck 和 Silvestre，2019），越能获得更多的收入，本书采用每万人专利申请授权量衡量一个区域的技术创新水平。根据内生增长理论，人口素质提升所体现的知识存量和专用性人力资本积累，将对一个地区包括农村地区的发展产生持续促进作用，本书采用人均受教育年限①衡量一个区域的人口素质水平，一些学者的研究已经证实了人均受教育年限对于农村居民收入的显著正向影响（刘生龙和周绍杰，2011；刘魏等，2016），回归分析之前，将其进行对数化处理。此外，本书还特别引入反映政策环境变化的哑变量作为控制变量，具体地，2013 年以前的年份定义为 0，2013 年及以后的年份定义为 1，主要出于两点考虑：一是新的领导集体选举产生，二是国家统计局自 2013 年开始调整农村居民人均可支配收入的统计口径，因而通过引入该哑变量将这些变化进行控制。

上述相关变量的均值、标准差、最小值和最大值见表 4-1。从表 4-1 可以看到，各个变量都有较大的变化区间，较好地反映了中国不同省域的发展差异，表明检验互联网普及率和农村居民经营性收入关系的基础数据是良好的。

---

① 人均受教育年限＝（小学在校学生数×3＋初中在校学生数×7.5＋高中在校学生数×10.5＋中等职业在校学生数×13.5＋高等本专科在校学生数×14）/年末总人口。

表 4-1 相关变量的描述统计

变量名称	变量说明	均值	标准差	最小值	最大值
农村居民经营性收入	平减化、对数化，单位：元	8.02	0.49	6.38	8.97
互联网普及率	网民规模占总人口比重，单位：%	36.98	19.00	2.70	78.00
人均生产总值	人均生产总值，平减化、对数化，单位：元	10.39	0.67	6.62	11.85
公共财政支出	政府财政预算支出占 GDP 比重，单位：%	0.25	0.19	0.08	1.38
对外贸易	进出口总额占 GDP 比重，单位：%	0.04	0.05	0.00	0.23
工业化	第二产业增加值占 GDP 比重，单位：%	0.46	0.08	0.19	0.61
产业结构服务化	第三产业增加值占 GDP 比重，单位：%	0.43	0.09	0.29	0.81
农业现代化	单位面积耕地的农业机械总动力，单位：万千瓦/千公顷	0.63	0.34	0.21	2.46
城镇化	城镇常住人口占总人口的比重，单位：%	0.53	0.15	0.22	0.90
技术创新	每万人专利申请授权量，单位：项	6.51	9.46	0.15	57.33
人口素质	人均受教育年限，对数化，单位：年	6.96	0.74	5.12	9.47
政策环境	2013 年以前＝0，2013 年及以后＝1	0.43	0.50	0.00	1.00

4.2.2 实证结果分析

4.2.2.1 基准回归结果

表 4-2 汇报了互联网普及影响农村居民人均经营性收入的基准回归结果。模型 1、模型 2 和模型 3 分别采用混合回归、固定效应回归和随机效应回归。三个模型的估计结果均显示，互联网普及率对农村居民人均经营性收入具有显著的正向影响效应。F 检验和 Hausman 检验的 P 值均为零，表明固定效应回归均明显优于混合回归和随机效应回归。从模型的可决系数看，模型 2 的拟合优度也优于模型 1 和模型 3。因此，我们聚焦模型 2 的估计结果。可以看到，互联网普及率的估计系数在 5% 水平上通过显著性检验，互联网普及率

每增加 1 个百分点，农村居民人均经营性收入平均增长 0.5％。不过，基准回归由于没有考虑潜在的内生性问题，其估计结果可能出现一些偏差，甚至发生严重的错误。因此，该估计结果需审慎对待，不宜过度解读。

表 4 − 2　互联网普及影响农村居民经营性收入的基准回归结果

变量	模型 1	模型 2	模型 3
	POLS	FE	RE
互联网普及率	0.007**	0.005**	0.007***
	(0.004)	(0.003)	(0.002)
人均生产总值	0.311	0.083	0.104
	(0.188)	(0.072)	(0.088)
公共财政支出	−0.162	0.556**	0.466**
	(0.426)	(0.246)	(0.231)
对外贸易	−2.265	−1.109	−2.232**
	(1.570)	(0.852)	(1.110)
工业化	−3.681***	0.646	0.320
	(0.754)	(0.969)	(0.891)
产业结构服务化	−5.994***	0.842	0.178
	(0.850)	(0.922)	(0.837)
农业现代化	0.380*	0.362***	0.322***
	(0.191)	(0.098)	(0.093)
城镇化	0.005	0.018**	0.013**
	(0.008)	(0.008)	(0.006)
技术创新	0.003	−0.002	−0.005
	(0.007)	(0.003)	(0.004)
人口素质	0.001	0.061	0.036
	(0.109)	(0.048)	(0.043)
政策环境	0.314***	0.151***	0.186***
	(0.068)	(0.034)	(0.038)
个体固定效应	—	是	—
时间固定效应	—	是	—
R^2	0.688 2	0.924 1	0.920 0
样本容量	434	434	434

注：*、** 和 *** 分别表示在 10％、5％和 1％水平上显著；括号中报告的是标准误。

4.2.2.2 工具变量回归结果

从理论上讲，一个地区互联网普及率的高低并不是随机的结果，而是跟一个地区的各种发展因素息息相关，可能存在一些不可观测因素同时影响着互联网普及率和农村居民人均经营性收入，引发遗漏变量偏误。此外，农村居民人均经营性收入很可能反向影响互联网普及率，即有理由相信一个地区农村居民经营性收入水平越高，其网民规模会越大，引发联立性估计偏误。

使用工具变量是解决内生性问题的重要方法。关于互联网普及效应研究的文献在采用工具变量法解决互联网普及的内生性问题时，普遍的做法是使用互联网普及的滞后项作为工具变量。使用内生变量的滞后项作为工具变量的做法通常会满足工具变量的相关性要求，并且排除了反向因果导致的联立性偏误，但是，内生变量的滞后项并非严格外生，这在相当程度上影响了实证结果的可靠性。对此，本书尝试寻找其他更加有效的工具变量进行实证检验。受李琪等（2019）的启发，本书选取信息传输、软件和信息技术服务业城镇就业人数占城镇就业人员总数比例的滞后一期作为工具变量。这是因为信息传输、软件和信息技术服务业的从业人员规模会明显影响一个地区的信息技术产业发展水平，进而影响该地区的互联网普及，但从理论和逻辑上讲其并不会直接影响农村居民经营性收入，也不会受到农村居民经营性收入的反向影响，较好地符合工具变量的外生性要求。表4-3的模型4估计结果显示，信息传输、软件和信息技术服务业就业人数占城镇就业人员总数比例的滞后一期显著正向影响互联网普及率，第一阶段的F统计量大于经验值10，符合工具变量相关性要求，而第二阶段估计结果显示，互联网普及正向显著影响农村居民经营性收入。基准回归的估计结果在作用方向上是一致的，但从估计系数的大小和显著性水平来看，基准回归模型低估了互联网普及的作用力和显著性。从模型4的估计结果看，互联网普及率的估计系数在1‰水平上通过显著性检验，属于高度显著，互联网普及率每增加1个百分点，农村居民人均经营性收入平均增长1.9‰。

表4-3 互联网普及影响农村居民经营性收入的工具变量回归结果

变量	模型4	模型5	模型6
	第一阶段估计结果		
信息产业城镇就业人数比例滞后一期	8.231*** (1.458)		
信息产业城镇就业人数比例滞后一期×1981年邮电业务总量		0.968*** (0.167)	
信息产业城镇就业人数比例滞后一期×1981年电话用户规模			0.758*** (0.132)
控制变量	是	是	是
F统计量	13.25***	13.20***	13.09***
变量	第二阶段估计结果		
互联网普及率	0.019*** (0.004)	0.018*** (0.004)	0.018*** (0.004)
人均生产总值	−0.014 (0.040)	−0.012 (0.038)	−0.016 (0.039)
公共财政支出	−0.017 (0.249)	−0.022 (0.237)	−0.047 (0.241)
对外贸易	−0.731 (0.662)	−1.185* (0.719)	−1.170 (0.730)
工业化	1.006** (0.488)	1.635*** (0.521)	1.650*** (0.529)
产业结构服务化	0.948* (0.516)	1.677*** (0.565)	1.679*** (0.574)
农业现代化	0.324*** (0.074)	0.327*** (0.075)	0.324*** (0.076)
城镇化	0.002 (0.006)	−0.000 (0.006)	−0.001 (0.006)
技术创新	0.008*** (0.003)	0.008*** (0.002)	0.009*** (0.003)
人口素质	−0.013 (0.036)	0.015 (0.036)	0.012 (0.037)

(续)

变量	模型 4	模型 5	模型 6
	第二阶段估计结果		
政策环境	0.123***	0.135***	0.134***
	(0.025)	(0.025)	(0.026)
个体固定效应	是	是	是
时间固定效应	是	是	是
R^2	0.887 3	0.889 9	0.886 5
样本容量	406	406	406

注：*、** 和 *** 分别表示在 10%、5% 和 1% 水平上显著；括号中报告的是标准误。

本书还使用 1981 年邮电业务总量和 1981 年电话用户规模作为互联网普及率的工具变量。中国互联网接入技术是从固定电话接入开始的，后来才发展到宽带、光纤、无线网络等接入技术。历史上固定电话普及率较高的地区，其后来的互联网普及率也往往较高；同时，邮局是铺设固定电话的执行部门，邮局的分布也会影响到固定电话的分布（黄群慧等，2019）。因此，选取 1981 年邮电业务总量和 1981 年电话用户规模作为互联网普及率的工具变量满足了相关性要求。另一方面，1981 年邮电业务总量和 1981 年电话用户规模属于历史变量[①]，并且与样本时间范围相隔较远，1981 年邮电业务总量和 1981 年电话用户规模难以影响 2005—2018 年的农村居民经营性收入。因此，选取 1981 年邮电业务总量和 1981 年电话用户规模作为互联网普及率的工具变量能够较好地满足外生性要求。但是，由于本书研究样本为均衡面板数据，而 1981 年邮电业务总量和 1981 年电话用户规模只是一期数据，这会因为固定效应模型的应用出现难以度量的问题。对此，本书借鉴 Nunn 和 Qian（2014）的设置方法，引入历年各省份在上一年的信息传输、软件和信息技术服务业城镇就业人数占城镇就业人员总数比例来反映时间趋势，即构造信息传输、软件和信息技术服务业城镇就业人数占城镇就业人员总数比例的滞后一期分别与 1981 年邮电业务总量和 1981 年电话用户规模的交互项作为互联网普及率的工具变量。表 4-3 的模型 5 和模型 6 是相应的估计结

---

① 对于历史变量，自然是距离研究样本时间范围越久远，其外生性越强。邮电业务总量和电话用户规模两个指标选择了 1981 年，主要是数据可得性的原因。

果，在第一阶段中，两个工具变量均分别显著正向影响内生解释变量，并且F统计量大于经验值10，符合工具变量的相关性要求，第二阶段结果则再次证实了互联网普及显著正向影响农村居民经营性收入。

综合模型4、模型5和模型6来看，工业化、产业结构服务化、农业现代化、技术创新、政策环境等控制变量均在1%水平上显著正向影响农村居民人均经营性收入。工业化、产业结构服务化和农业现代化综合反映了产业结构升级和经济高质量发展，它们能够有效推动乡村产业振兴，促进农村居民经营性收入增长。技术创新水平的提升是经济高质量发展的重要保障，技术的外溢效应能够推动地区实现内生经济增长，保证经济不依赖外力也能实现持续增长，这种持续增长也必然惠及农村居民，促进农村居民增收。反映政策环境变化的哑变量正向显著，表明2013年前后的政策环境变化对农村居民经营性收入的影响不可忽视，理应进行控制。

4.2.2.3 拓展性分析：区域收入差距效应

上述模型1—6基于全样本考察了互联网普及影响农村居民经营性收入的整体效应，这反映的是互联网普及与农村居民经营性收入之间的基本关系规律。而现实中，由于不同地区的发展条件和实践进展存在差别，互联网普及对不同地区农村居民经营性收入的影响效应可能暂时会有某种不同的表现。本书接着采用分组回归的方法进行中国三大地区的异质性效应分析。从表4-4可以看到，2005—2018年互联网普及对东部地区农村居民人均经营性收入产生了显著的正向影响，东部地区互联网普及率每增加1个百分点，农村居民人均经营性收入同样平均增长1个百分点；而中部地区和西部地区互联网普及对农村居民人均经营性收入的影响系数虽然为正，但没有通过10%水平的显著性检验。从估计系数大小来看，中部地区互联网普及对农村居民经营性收入的促进作用可能是最大的，互联网普及率每增加1个百分点，农村居民人均经营性收入平均增长7.0%，虽没有通过显著性检验，但在某种程度上暗示互联网赋能中部地区农村居民创业增收的潜力巨大。西部地区样本的回归系数则无论是系数大小还是显著性水平均较为落后，显然在互联网时代的浪潮中，西部地区亟需国家给予更多的重视和扶持。总而言之，加快推进中西部地区的信息基础设施建设，防止区域信息红利差距扩大和悬殊，理应成为缩小中西部地区与东部地区的农村居民收入差距以及农村经济社会发展差距的重要抓手。

表 4-4　互联网普及影响农村居民经营性收入的分区域回归结果

变量	模型 7	模型 8	模型 9
	东部地区	中部地区	西部地区
互联网普及率	0.010 ***	0.070	0.006
	(0.004)	(0.055)	(0.022)
控制变量	是	是	是
个体固定效应	是	是	是
时间固定效应	是	是	是
R^2	0.851 4	0.880 6	0.982 6
样本容量	140	140	126

注：*、** 和 *** 分别表示在 10%、5% 和 1% 水平上显著；括号中报告的是标准误；以信息传输、软件和信息技术服务业就业人员占城镇就业人员数比例的滞后一期与 1981 年电话用户规模的交互项作为互联网普及率的工具变量进行 2SLS 估计。

4.2.2.4　拓展性分析：群体内部收入差距效应

群体内部收入差距是农村居民收入问题的一个重要方面。农村居民内部收入差距理应控制在合理的范围内，这是农村社会公平正义的必然要求，也是农村经济可持续发展的重要条件。本书采用分位数回归方法（使用自助法计算协方差矩阵）检验互联网普及对农村居民内部经营性收入差距的影响情况。分位数回归模型能够分别估计互联网普及率对各收入组农村居民经营性收入的边际贡献，如果互联网普及率对于较低收入农村居民经营性收入的边际贡献大于较高收入农村居民，说明互联网普及具有缩小农村居民内部经营性收入差距的作用，反之则是扩大内部经营性收入差距。表 4-5 汇报了互联网普及影响农村居民经营性收入的分位数回归结果，可以看到，在不同的分位数上，互联网普及率均对农村居民经营性收入产生了显著正向作用；从估计系数的大小变化趋势可以发现，随着农村居民经营性收入分位数的上升，互联网普及率对农村居民人均经营性收入的提升效应不断增大，表明互联网普及对高经营性收入的农村居民的增收作用相对更大些，而对中等和低经营性收入的农村居民的增收作用较小，因此，互联网普及总体上发挥了扩大农村居民内部经营性收入差距的作用。具体地，互联网普及率每提升 1 个百分点，诸如 0.90 等高分位数上的农村居民人均经营性收入要比诸如 0.10

等低分位数上的农村居民人均经营性收入多增长 1.4%，这从一个侧面反映了农村居民内部收入不平等问题应当引起重视。

表 4-5　互联网普及影响农村居民经营性收入的分位数回归结果

变量	模型 10				
	$\theta=0.10$	$\theta=0.25$	$\theta=0.50$	$\theta=0.75$	$\theta=0.90$
互联网普及率	0.002*	0.007***	0.011***	0.014***	0.016***
	(0.001)	(0.001)	(0.001)	(0.001)	(0.001)
控制变量	是	是	是	是	是
个体固定效应	是	是	是	是	是
时间固定效应	是	是	是	是	是
样本容量	406	406	406	406	406

注：*、** 和 *** 分别表示在 10%、5% 和 1% 水平上显著；括号中报告的是标准误；以信息传输、软件和信息技术服务业就业人员占城镇就业人员数比例的滞后一期与 1981 年电话用户规模的交互项作为互联网普及率的工具变量进行 2SLS 估计。

4.2.2.5　拓展性分析：与其他来源收入效应比较

从收入来源看，中国农村居民的收入结构由工资性收入、经营性收入、转移性收入和财产性收入四部分构成。工资性收入是就业人员通过各种途径得到的全部劳动报酬和各种福利。随着农村非农产业的快速发展以及农村居民向城市非农产业的转移，农村居民工资性收入不断增长，2015 年工资性收入超过经营性收入成为农村居民收入的主要来源，2018 年农村居民人均工资性收入达到 5 996.1 元。转移性收入是指国家、单位、社会团体对居民家庭的各种经常性转移支付和居民家庭之间的经常性收入转移，包括养老金或退休金、社会救济和补助、政策性生产补贴、政策性生活补贴、救灾款、经常性捐赠和赔偿、报销医疗费、住户之间的赡养收入、本住户非常住成员寄回带回的收入等。农村居民转移性收入长期以来较少，但国家实施新农村建设战略后，农民转移性收入增长加快，2013 年农村居民人均转移性收入增长到 1 647.5 元，2018 年进一步增长到 2 920.5 元。财产性收入是指金融资产、房屋等非金融资产以及自然资源交由其他机构单位、个人支配而获得的回报在扣除相关费用之后的净收入。长期以来财产性收入在农村居民收入中的比重较小，增长缓慢，2018 年农村居民人均财产性收入仅为 342.1 元（图 4-8）。

图 4-8 中国农村居民收入来源结构

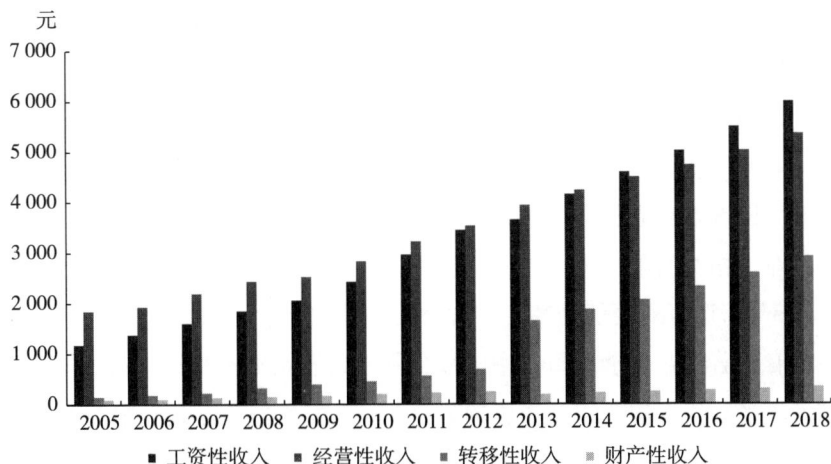

表 4-6 互联网普及影响农村居民不同收入来源的回归结果

变量	模型 11	模型 12	模型 13
	经营性收入	工资性收入	财产性收入
互联网普及率	0.018***	0.011**	0.010
	(0.004)	(0.004)	(0.009)
控制变量	是	是	是
个体固定效应	是	是	是
时间固定效应	是	是	是
R^2	0.886 5	0.938 0	0.731 9
样本容量	406	406	406

注：*、** 和 *** 分别表示在 10％、5％和 1％水平上显著；括号中报告的是标准误；以信息传输、软件和信息技术服务业就业人员占城镇就业人员数比例的滞后一期与 1981 年电话用户规模的交互项作为互联网普及率的工具变量进行 2SLS 估计。

从理论逻辑上讲，互联网普及会直接影响工资性收入、经营性收入和财产性收入，而对于转移性收入，互联网只是提供了更加便利的渠道，并不会影响转移性收入的总量变化。因此，本书只比较互联网普及对农村居民工资性收入、经营性收入和财产性收入的影响效应。表 4-6 汇报了互联网普及影响农村居民不同收入来源的回归结果，可以看到，互联网普及在 5％水平上显著正向影响农村居民的工资性收入，而互联网普及对农村居民财产性收入的影响系数虽然为正，但没有通过显著性检验。从估计系数大小来看，互联网普及对农村居民经营性收入的促进作用大于对工资性收入和财产性收入的促进作用。这表明，互联网普及首要发挥的是促进农村居民创业增益的作用，其次是带动外出务工就业的增收效应。模型 12 估计结果显示，互联网普及率每增加 1 个百分点，农村居民人均工资性收入增长 1.1％。实证结果印证了互联网普及对于促进农村居民就业的重要作用。从部分地区的实践来看，互联网普及对农村居民工资性收入的促进作用不仅表现在通过促进创业带动就业，拓宽就业渠道，增加就业机会，还表现在提高农村劳动力价格（Fabritz，2013；刘晓倩、韩青，2018）。互联网普及对农村居民财产性收入不具有显著性，可能跟目前中国社会所处的发展阶段有关。农村居民财产性收入水平首先取决于农村居民的财产存量，其次取决于这些财产是否可以市场化流动，最后取决于这些财产有否市场价值。互联网是农村居民财产市场化流动的手段，例如浙江每个县都建立了农村产权交易网络平台，包括承包地流转、闲置农房宅基地流转（发展民宿）都可通过网络进行。但是，从全国范围来看，互联网普及促进农村居民财产市场化流动进而实现财产性增收尚未达到理想的发展状态。可以预想，随着农村产权交易网络平台的不断普及和深度利用，互联网普及对农村居民财产性收入的促进作用将逐渐显现。

4.3 互联网普及与农村居民经营性收入：机制检验

4.3.1 机制变量的测度及其描述统计

4.3.1.1 机制变量一：市场分割

目前学术界测度市场分割程度的方法主要包括生产法、相对价格法、贸易法、经济周期法、技术效率法等，尽管每个方法都有各自的优缺点，但是综合来看，相对价格法具有较好的理论基础，其构造的指标能够更直接地衡量市场分割程度，在已有文献中应用最为普遍（刘瑞明，2012；宋勇超和朱延福，2013；洪勇和王万山，2019）。因此，本书亦使用相对价格法来测算各省份的市场分割程度，即通过计算某一省份与其他省份之间商品相对价格的标准差[①]来衡量该省份的市场分割程度。具体地，本书利用 2005—2018 年

---

① 已有文献通常采用方差形式衡量市场分割程度，但本书考虑到反映市场分割程度的方差数值过小，会导致机制检验的回归系数太小，因此本书采用标准差形式。

中国 31 个省份的商品零售价格分类指数进行计算。由于可获得的原始数据是商品价格环比指数，故使用其差分形式来构造反映市场一体化进展的指标：

$$\left| \Delta Q_{ijt}^k \right| = \left| \ln(P_{it}^k/P_{jt}^k) - \ln(P_{it-1}^k/P_{jt-1}^k) \right| = \left| \ln(P_{it}^k/P_{it-1}^k) - \ln(P_{jt}^k/P_{jt-1}^k) \right|$$

$$(4-2)$$

在公式（4-2）中，i 和 j 代表任意两个省份，t 代表年份，P 代表商品零售价格指数，k 代表商品种类。

本书的商品种类选择食品、饮料烟酒、服装鞋帽、纺织品、家用电器及音响器材、文化办公用品、日用品、体育娱乐用品、交通通信用品、家具、化妆品、金银珠宝、中西药品及医疗保健用品、书报杂志及电子出版物、建筑材料及五金电料等 15 种商品，15 种商品 465 组两两省份配对 14 年的数据，共计可得 $15 \times 465 \times 14 = 97\,650$ 个差分形式的相对价格指标 $\left| \Delta Q_{ijt}^k \right|$，$\left| \Delta Q_{ijt}^k \right|$ 由两部分组成：商品自身特性导致的相对价格变动和市场环境引起的相对价格变动，使用去均值法可以剥离掉与商品自身特性相关的那部分相对价格变动，通过对特定年份 t、特定商品种类 k 的 465 组省份配对 $\left| \Delta Q_{ijt}^k \right|$ 求平均值 $\left| \overline{\Delta Q_t^k} \right|$，令 $\Delta q_{ijt}^k = \left| \Delta Q_{ijt}^k \right| - \left| \overline{\Delta Q_t^k} \right|$，$\Delta q_{ijt}^k$ 表示在特定年份 t，两省级单位之间特定商品种类 k 仅与市场分割相关的相对价格变动部分，$SD(\Delta q_{ijt}^k)$ 表示多种商品种类与市场分割相关的相对价格变动的标准差，其综合了 k 种商品的价格波动信息，可以全面准确地反映市场分割的实际状况，最后总共得到 $31 \times 14 = 434$ 个 $SD(\Delta q_{ijt}^k)$。

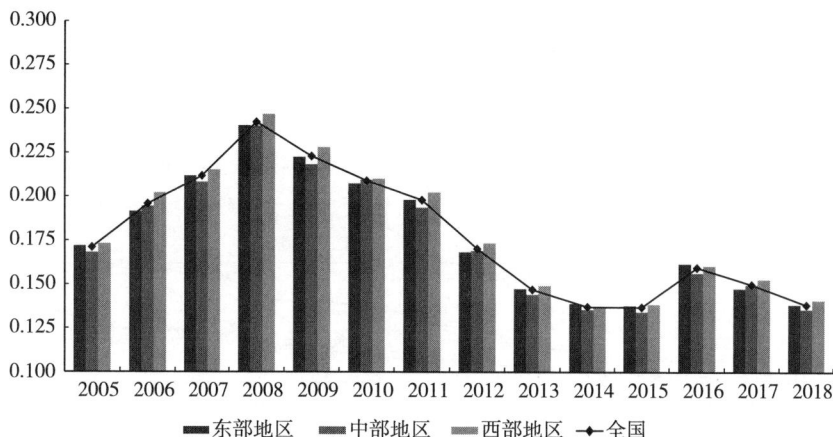

图 4-9　全国及东中西部地区的市场分割

从图 4-9 可以看到，中国区域之间的市场分割程度在起伏变化过程中总体呈现下降趋势。2005—2008 年，市场分割现象经历了加剧的过程，达到一个阶段性峰值，从 2008 年以后，全国市场呈现出逐渐收敛和整合的良好趋势，2016 年虽有所反弹，但 2017 年和 2018 年又继续下降。从区域比较的角度来看，东部、中部和西部三大地区市场分割程度比较接近，演变趋势也基本一致，总的来说，中部地区的市场分割程度在多数年份处于最低，东部地区的市场分割程度在多数年份高于中部地区、低于西部地区。

4.3.1.2 机制变量二：技术创新

R&D（即科学研究与试验发展）活动是科技创新系统中最具创造性的核心部分。R&D 活动包含投入与产出两个基本面，虽然投入是产出的基础，但投入并不能直接反映科技实力。因此，衡量一个地区的技术创新能力通常是从产出角度入手的。已有文献普遍使用专利数量反映技术创新水平，通常有两个相互关联的指标，即专利申请受理量和专利申请授权量。专利申请受理量固然反映一个地区的创新活力，但专利申请并不一定会通过审核并获得最终授权，因而它无法准确反映技术创新实力，本书采用专利申请授权量指标衡量技术创新水平，这也是多数文献的普遍做法。考虑到不同地区的人口规模存在差异，使用专利申请授权量除以年末总人口，得到每万人专利

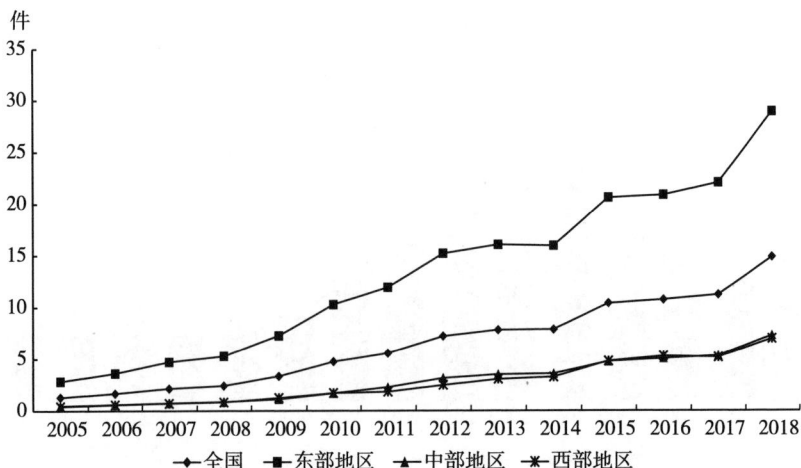

图 4-10　全国及东中西部地区的每万人专利申请授权量

申请授权量的指标。

从图 4-10 可以看到，中国每万人专利申请授权量总体呈现不断增长的趋势，2005 年全国每万人专利申请授权量是 1.3 件，2018 年达到 14.9 件，反映中国技术创新水平日益提高，自主创新能力不断增强。从区域比较的角度来看，东部地区的技术创新优势显著，占据全国大部分的专利申请授权量，其整体演变趋势与全国专利申请授权量的演变趋势非常接近，2005 年东部地区每万人专利申请授权量是 2.8 件，2018 年达到 28.9 件。中部地区和西部地区的每万人专利申请授权量差距甚小，表明两个地区的技术创新水平十分接近，但两个地区的技术创新水平都明显落后于东部地区，2005 年中部地区和西部地区每万人专利申请授权量分别为 0.5 件和 0.4 件，2018年分别达到 7.3 件和 7.0 件。

4.3.2 机制检验的回归结果

为检验市场分割和技术创新等作用机制是否能够得到经验证实，本书借鉴作用机制实证检验的普遍做法，将前文公式（4-1）中的被解释变量先后更换为采用相对价格法计算出的市场分割指数、采用每万人专利申请授权量衡量的技术创新等机制变量进行实证检验。

4.3.2.1 机制检验一：市场分割

表 4-7 汇报了市场分割视角的机制检验回归结果，其中，模型 14 和模型 16 采用全样本，模型 15 和模型 17 采用东部地区的分样本[①]，模型 16 和模型 17 以信息传输、软件和信息技术服务业就业人员占城镇就业人员数比例的滞后一期与 1981 年电话用户规模的交互项作为互联网普及率的工具变量进行 2SLS 估计。模型 14—17 均显示，互联网普及显著降低了区域之间的市场分割程度，前文的理论机制分析得到经验证实。从四个模型的估计系数来看，互联网普及率每提升 1 个百分点，采用标准差形式表示的市场分割指数平均降低 0.001，这也意味着更低程度的价格离散、更高水平的区域市场一体化。

---

① 中部地区和西部地区的分样本回归显示，互联网普及率的估计系数不显著，表 4-7 和表 4-8 均不做汇报。

表 4-7　市场分割视角的机制检验回归结果

变量	模型 14	模型 15	模型 16	模型 17
	FE	FE	2SLS	2SLS
互联网普及率	-0.001***	-0.001***	-0.001***	-0.001***
	(0.000)	(0.000)	(0.000)	(0.000)
控制变量	是	是	是	是
个体固定效应	是	是	是	是
时间固定效应	是	是	是	是
R^2	0.692 6	0.697 4	0.689 9	0.702 2
样本容量	434	154	406	140

注：*、**和***分别表示在10%、5%和1%水平上显著；括号中报告的是标准误；模型14和模型16采用全样本，模型15和模型17采用东部地区的分样本；模型16和模型17以信息传输、软件和信息技术服务业就业人员占城镇就业人员数比例的滞后一期与1981年电话用户规模的交互项为工具变量。

4.3.2.2　机制检验二：技术创新

表 4-8 汇报了技术创新视角的机制检验回归结果，其中，模型18和模型20采用全样本，模型19和模型21采用东部地区的分样本，模型20和模型21以信息传输、软件和信息技术服务业就业人员占城镇就业人员数比例的滞后一期与1981年电话用户规模的交互项作为互联网普及率的工具变量进行2SLS估计。模型18—21均显示，互联网普及在1%或5%水平上显著促进区域技术创新发展，前文的理论机制分析得到经验证实。从模型18的估计系数来看，互联网普及率每提升1个百分点，将使每万人专利申请授权量平均增加0.2件，这也意味着更高水平的自主创新能力。从区域维度讲，目前大量信息传输、软件和信息技术服务业主要集中在东部地区，"互联网+"驱动的创新发展也主要地发轫于东部地区，互联网普及对中西部地区的赋能主要体现在信息技术成果的应用上，而中西部地区仍然落后并依赖来自东部地区的技术创新。

表 4-8　技术创新视角的机制检验回归结果

变量	模型 18	模型 19	模型 20	模型 21
	FE	FE	2SLS	2SLS
互联网普及率	0.212***	0.137**	0.583***	0.318**
	(0.058)	(0.045)	(0.110)	(0.149)

（续）

变量	模型 18	模型 19	模型 20	模型 21
	FE	FE	2SLS	2SLS
控制变量	是	是	是	是
个体固定效应	是	是	是	是
时间固定效应	是	是	是	是
R^2	0.650 7	0.718 9	0.550 9	0.717 0
样本容量	434	154	406	140

注：*、** 和 *** 分别表示在 10%、5% 和 1% 水平上显著；括号中报告的是标准误；模型 18 和模型 20 采用全样本，模型 19 和模型 21 采用东部地区的分样本；模型 20 和模型 21 以信息传输、软件和信息技术服务业就业人员占城镇就业人员数比例的滞后一期与 1981 年电话用户规模的交互项为工具变量。

4.4 实证检验结果的相关讨论

前文的基准回归结果和工具变量回归结果均证实了互联网普及对中国农村居民经营性收入增长具有积极的促进效应，符合理论预期，也为互联网设施建设和互联网应用的实践深化提供了经验证据。中国经济正处于从高速度增长向高质量发展的转变阶段，并且面临城乡不平衡发展、农村不充分发展等严峻问题。信息通信技术的快速发展，为中国实现高质量发展与城乡均衡发展提供了巨大机遇。事实上，不单单是中国，世界上大多数国家和地区陆续制定了宽带普及战略或互联网发展战略，并将其作为提升自身核心竞争力的重要举措。中国政府先后提出"宽带中国"战略、"互联网＋"行动计划、网络强国战略、建设数字中国、建设数字乡村等重要战略，以借力互联网实现数字产业化和产业数字化。国内外相关理论研究和实践均表明，以互联网为代表的信息通信技术具有巨大的经济红利效应和潜在提升空间，能够对经济社会形成全方位的渗透和改造，这是一个系统性变化过程，最终可以使包括农村居民、弱势群体在内的各个阶层群体受益。当然，充分实现这一点是一个漫长的过程，尤其对于落后的发展中国家而言，但中国的经验和事例为这些后发的发展中国家带来了积极的信号和示范。

与城镇地区依靠大量就业和投资以获得工资性收入和财产性收入不同的

是，家庭经营形式在农村地区十分普遍。但是，长期以来，农村地区的家庭经营以个体户为主体，他们经营规模较小，经营理念陈旧，管理方式简单，经营范围偏窄。且农村地区的内部市场容量不大，经营绩效良好的项目容易被复制，进而分割本地的市场份额，并很快达到饱和状态。因此，在封闭的农村市场内部环境下，家庭经营通常很难做大做强。此外，在长期发展过程中，由于各种原因，农村家庭经营所需的基础设施、营商环境、人力资本等越来越落后于城镇地区，进一步限制了农村家庭经营综合竞争力的形成与提升。在农村土地承包责任制的改革红利得到释放以后，农村居民经营性收入便总体上进入了增长乏力的状态。近十余年来，随着互联网不断普及，以互联网为代表的信息通信技术正在不断改善农村家庭经营的硬件设施和软环境，农村居民的创业创新热情逐渐被互联网经济激发出来，农村居民经营性收入获得了新的增长动力。

按照农村居民家庭经营从事的产业，家庭经营性收入可以分为第一产业经营性收入、第二产业经营性收入和第三产业经营性收入。由于家庭经营性收入的三大产业分布构成缺乏省级面板数据，因此本书无法开展相应的分样本回归分析。但从理论上和现实案例来看，互联网普及对农村居民第一产业经营性收入、第二产业经营性收入和第三产业经营性收入都会产生积极的促进效应。并且，就目前的总体情况来看，互联网普及对农村居民第二产业经营性收入的促进作用较大。由于第二产业的产品多为干货类，标准化程度高、易包装、易运输的产品，采用网络营销方式的难度较低，而第一产业多为生鲜类产品，标准化程度低，包装和运输难度大、成本高，其网络营销发展尚需经历一个较长的过程。《中国淘宝村研究报告（2009—2019）》的数据显示，淘宝村经营的产品类型主要为适宜快递运输的生活类消费品，2014至 2019 年的 6 年间，服装、家具、鞋三类产品始终稳居淘宝村产品销售前三位，箱包皮具和玩具两类产品 6 年间始终位居销售榜单前十位，这五类产品构成了淘宝村销售的主体①。就当前发展阶段而言，互联网普及主要促进了农村日用轻工业、手工艺产业、干货类农产品的发展，使农村家庭作坊摆脱了封闭的内部市场，获得巨大的外部市场容量，激发了农村居民的积极性

---

① 数据来源：阿里研究院《中国淘宝村研究报告（2009—2019）》。

和创造力。另外，互联网普及还赋能了农村的服务业家庭经营，包括快递运输、餐饮、旅游、民宿等。随着农村经济社会的持续发展，农村内需市场潜力释放，农村产业结构服务化迎来空前机遇，农村居民人均第三产业经营性收入从 2013 年开始发力，呈现较快增长的势头，这其中互联网普及起到部分作用。互联网使城乡之间的联系更加便利和快捷，农村电子商务的快速发展带来了农村快递运输业的蓬勃发展，乡镇及以下地区的快递运输网点主要采用家庭经营的形式进行布局，即所谓的"夫妻店"，这种标配形式具有机动灵活、成本较低的优势。互联网普及激发了平台企业的各种创新，充分释放了互联网的连接属性，使农村家庭经营的餐饮、旅游、民宿纷纷实现在线化，快速实现农村服务供给者与城市服务需求者之间的匹配与交易。

尽管实证结果表明互联网普及促进了中国农村居民经营性收入增长，但是我们还要意识到城乡互联网普及率的绝对差距依然较大。虽然我国通过实施"村村通"工程、信息进村入户工程和"宽带中国"战略，使互联网基础设施基本覆盖了大部分农村地区，但是农村的互联网实际使用者规模比例到 2018 年也仅有 38.4%。如何更好地激发更多农村居民使用互联网是未来的一项重要工作，同时也表明互联网普及对农村居民的增收作用尚有巨大的发掘空间。本书认为，要想进一步扩大农村地区的互联网普及率，除了继续实施"村村通"工程、全面实施信息进村入户工程、加快实现农村地区宽带全覆盖以外，更要注重提速降费。要进一步提高三网融合业务能力，提高宽带网络接入速率，继续推进光纤到村建设，探索建立与农民收入水平相匹配的资费体系，对低收入农户给予资费补贴或全免。加强互联网使用知识宣传，开展互联网使用技能培训，提高农民信息素养。

前文实证结果还发现，东部地区、中部地区和西部地区在获取互联网红利上存在显著差异。东部地区经济社会综合实力较强，市场经济体系更加完善，互联网普及率处于领先地位，具有互联网经济发展所需的各种设施基础和产业条件，农村地区创业创新氛围浓厚，因此东部地区率先收获了互联网普及对农村居民经营性收入增长的红利。以中国淘宝村现象为例，淘宝村属于电子商务深度采纳型村庄，其电商采纳的增收效应相对比较显著（曾亿武和郭红东，2018），而绝大多数淘宝村分布于东部沿海省份，截至 2018 年 10月，东部地区的淘宝村数量达到 3 098 个，占比为 96.75%，优势十分明显

（曾亿武等，2020）。中部地区和西部地区的互联网普及率尚未对其农村居民经营性收入产生统计意义上的显著作用，表明现阶段互联网普及正在发挥扩大区域发展差距的作用，这是农村居民经营性收入视角上的数字鸿沟现象，理应引起政府的重视并在中西部地区加大投入和加强相关工作。本书认为，中西部地区一方面要加大网络基础设施建设力度，使互联网普及率尽快赶上东部地区，另一方面要加大互联网人才引进力度以及积极鼓励外出年轻人返乡从事互联网创业。从回归系数的大小来看，互联网赋能中部地区农村居民经营性收入增长的潜力巨大，中部地区互联网普及率每增加 1 个百分点，农村居民人均经营性收入平均可增长 7%。事实上，从近两年的淘宝村演变可以管窥到这一点，淘宝村正在加速向中西部地区渗透，2020 年中西部地区的淘宝村由 2019 年的 172 个增加到 341 个，将近翻了一番[①]。西部地区面临的约束和发展难度比中部地区要更大些，需要国家给予更多的重视和政策倾斜。西部地区的一个重要突破口在于绿色生态的优质农产品，此外，民族地区具有不少内涵丰富、辨识度高、替代性弱的地标产品或民俗特色资源，这些产品或资源可作为重要支撑，形成支点，进而促进互联网创业创新生态体系的构建。

互联网赋能农村居民并不是一个单向作用的过程，而是互联网所系带的资源和属性与农村居民之间的双向互动、循环反馈过程。因此，互联网赋能作用是否能够充分发挥，与农村居民自身的禀赋特征、主观能动性密切相关。正因为如此，有不少学者一直在强调居民群体内部的二级数字鸿沟问题，即由于互联网使用能力的差异而导致居民内部收入差距的扩大。本书的实证结果也指向这一论断，虽然在不同的分位数上，互联网普及率均对农村居民经营性收入产生了显著正向作用，但是随着分位数的上升，回归系数不断扩大，表明互联网普及有利于高收入者，它发挥了扩大农村居民内部收入差距的作用。以互联网为代表的信息通信技术从一开始也并非是针对社会底层群体而发明创造的，市场机制的调节讲求自由竞争、优胜劣汰，从而找到最优效率，那么其必然的结果就是数字鸿沟。数字鸿沟无疑会使发展机会不均等的情况更加明显，贫富差距进一步扩大，而贫富差距过大会造成一系列严重

---

① 数据来源：阿里研究院《1%的改变：中国淘宝村研究报告 2020》。

的经济社会问题，最终破坏市场经济，不利于国民经济的可持续发展。如今，以互联网为代表的信息通信技术正在加剧不平等趋势，政府不能完全把互联网红利的释放交由市场去调节，市场只会嫌贫爱富，而不会救穷扶弱，依靠社会公益力量也只是杯水车薪。因此，政府需要有强有力的投入和措施以及坚决的信念去弥合群体内部的数字鸿沟。但现实中，部分地区政府采取的措施普遍倾向于扶持大户，缺乏普惠性（路征等，2015），这一点要特别引起注意。

互联网除了赋能农村居民经营性收入增长，还能赋能农村居民工资性收入增收。本书的实证结果证实了这一点，并且，两者相比较而言，前者的赋能效应大于后者。换言之，互联网普及首要发挥的是促进创业增益的作用，进而产生带动就业的外溢效应。但无论是前者还是后者，最终都使农村劳动力大量外流的情况得到缓解。一方面，本地的创业机会和就业机会多了，农村劳动力外出的推力大幅减弱；另一方面，互联网还使当地能够对已经外出的劳动力产生反向拉力，使外出劳动力选择返乡创业就业。研究表明，电子商务专业村居民选择外出务工的概率要比普通村低约 26%（Qi 等，2018）。还有学者研究发现，互联网的接入率每增加 1 个百分点，返乡农民工的创业概率提升 0.036%（袁方和史清华，2019）。农村劳动力尤其是高素质年轻劳动力能够扎根农村地区，这对于缓解农村留守问题、促进乡村振兴具有重要的积极意义。回望农村改革发展史，农村的每一次跃升都离不开与产业发展相匹配的人气集聚和人力资本提升。虽然中国仍处在人口由农村向城市集中的发展阶段，农村人口外流的趋势短期不可能逆转，但如果农村人口过度流失，高素质劳动力持续转移，城乡教育投资与收益持续不对称，就难以避免乡村衰败的局面，这也是一系列"乡村病"的根源所在。实施乡村振兴战略，就是要防止农村人口过度流失，同时还要把有志于农业农村现代化发展的各类人才"引进来"，实现城乡人力资本的良性互动（李丽莉等，2021），而互联网在这方面无疑发挥了重要作用。

互联网促进市场一体化的作用是毋庸置疑的。改革开放以来，中国取得的令人瞩目的成绩离不开市场经济制度的建立与完善，但是由于改革的不完全性，很多产品和要素仍然难以实现跨区域自由流动，其结果是导致市场出现分割和扭曲（张杰等，2011）。互联网具有重要的平台功能，带来跨区域的新型市场交易机制。作为一种跨区域贸易机制，互联网平台有助于加剧区域内部市场竞争；作为一种跨区域产业分工与协调机制，互联网平台有助于提升区域专业化水平。余文涛和吴士炜（2020）采用 2009—2017 年中国省级面板数据进行实证研究，发现互联网平台经济发挥出改善市场扭曲的效应，与本书研究结果一致。王伟和孔繁利（2020）以 2000—2017 年中国省级数据为样本开展实证研究，同样发现互联网发展能显著降低一个地区的市场分割水平，尤其是对东部地区。应该补充强调的是，即便互联网发展有助于促进国内统一市场的形成，但这只是技术层面的进步，不可忽视制度层面上的配合（谢莉娟和张昊，2015）。

互联网在促进技术创新方面的作用是巨大的。互联网通过撬动"大众创业、万众创新"，让经济发展迸发出强大活力。伴随新一代信息技术的发展，互联网与实体经济的融合正在加深，互联网显著改变了原来商业的逻辑和模式，成为推动实体企业创新的重要源泉。本书的实证检验结果显示了互联网普及对于一个地区创新水平提升的积极作用。还有一些学者的研究结论与本书的实证结果非常接近。例如，有学者研究表明，互联网促进了民营企业创新，互联网的包容性创新效应有助于弥补制度环境尚未健全的不足（王文涛和曹丹丹，2020）。另有学者指出，互联网促进了创新资源的跨界整合，降低了与创新有关的各种交易成本，诱导多层的垂直式治理转向扁平化治理，从而提高企业的创新绩效，且实证结果也显示互联网对企业创新绩效存在显著正向影响（王金杰等，2018）。还有学者研究表明，对于内销型、单厂、小规模和处于非产业区的企业，互联网促进企业包容性创新的作用更大（秦佳良等，2018）。此外，互联网普及在促进技术创新的作用上存在显著的区域差异性，无论是数字产业化还是产业数字化，东部地区明显领先于中西部地区，绝大多数信息软件服务业企业集聚在以杭州、广州、深圳为代表的沿海城市群之中，以创业园、产业园、软件园、特色小镇、孵化器等形式为空间载体，形成基于互联网的区域创新体系。以电商产业园为例，据统计，电商产业园主要集中在东部沿海地区，其中，浙江、广东、江苏、福建、山东这五个省的电商产业园总数占全国电商产业园总量的七成以上①。以这些空间载体为核心节点的产业集群孕育出全新的区域创新网络，这个网络既根植

---

① 数据来源：阿里研究院《中国电子商务园区发展报告（2014—2015）》。

于当地，又同时与外部建立多样的联系，及时传递最新的信息、知识、技术等创新要素，缩短从发现到成果商业化的创新周期，提高创新效率，促进区域产业升级、经济发展和社会创新。

4.5 本章小结

本章利用统计数据描述统计中国互联网普及率及其演变趋势和中国农村居民经营性收入及其演变趋势，并基于省级面板数据分析了互联网普及率与农村居民经营性收入的相关性，实证评估了互联网普及对农村居民经营性收入的影响效应，对其理论机制进行了检验，对实证结果开展了相关讨论。数据显示，2005—2018 年中国互联网普及率快速提升，东部地区处于领先地位，而中部地区和西部地区的水平接近，城乡互联网普及率的绝对差距较大，但相对差距总体呈现不断缩小的趋势。2005—2018 年中国农村居民人均经营性收入不断增长，但增长速度相对缓慢，经营性收入占可支配收入的比重逐年下降。东部地区农村居民经营性收入水平最高，中部地区紧随其后，西部地区相对落后。第一产业经营性收入构成农村家庭经营性收入的主要部分，第二产业经营性收入对农村居民经营性收入的贡献最小，农村居民第三产业经营性收入近年来呈现较快增长的势头。相关性分析和回归结果均显示，互联网普及显著促进农村居民经营性收入增长。具体到三大地区，互联网普及对东部地区农村居民人均经营性收入产生了显著的正向影响，但对中部地区和西部地区农村居民人均经营性收入的影响不显著。互联网普及不仅扩大了地区间农村居民经营性收入差距，还扩大了农村居民内部经营性收入差距。具体到收入来源，互联网普及主要是促进工资性收入和经营性收入增长，而对财产性收入的影响不显著。从估计系数大小来看，互联网普及对农村居民经营性收入的促进作用大于对工资性收入的促进作用，表明互联网普及首要发挥的是促进农村创业增益的作用，其次是带动外出务工就业的增收效应。实证研究还证实，互联网普及通过降低市场分割和提升技术创新路径对农村居民经营性收入产生增长效应。与互联网普及影响农村居民经营性收入的区域差异效应相对应的是，东部地区在互联网普及降低市场分割和提升技术创新上率先取得显著成效，而中西部地区仍需为互联网普及红利的释放积极创造条件。

5 实证研究二：互联网使用对农村居民经营性收入的影响

5.1 中国农村居民互联网使用情况

5.1.1 农村居民互联网使用的整体情况

随着中国互联网基础设施不断向农村地区覆盖和普及，尤其是移动互联网的快速发展，越来越多的农村居民成为网民群体的一员。CFPS数据显示，农村居民上网人数比重增长较快，从2014年的26.93%快速增长到2018年的55.62%[①]；上网时间不断延长，人均每周上网时长从2014年的不到3小时快速增加到2018年的7个半小时；使用互联网从事各种活动的频率都在逐年增加，其中使用互联网社交、娱乐和进行商业活动的频率较多且增长较快；此外，农村居民进行网上购物的趋势愈发显著，人均网购开销从2014年的333.37元增长到2018年的1 481.65元（表5-1）。

表5-1 农村居民互联网使用的整体情况

变量	2014年	2016年	2018年
上网人数比重（%）	26.93	42.60	55.62
每周上网时长（小时）	2.93	5.24	7.44
使用互联网学习的频率	6.32	6.09	5.83
使用互联网工作的频率	6.58	6.36	6.17
使用互联网社交的频率	5.84	4.95	4.24
使用互联网娱乐的频率	5.95	5.19	4.46

---

① 根据CFPS数据计算的农村居民上网人数比重数值上大于第三章图4-1中国互联网络信息中心提供的农村居民互联网普及率，其中一个重要原因在于CFPS数据并非完全是全国范围的抽样，而仅限于25个省份，不包括西藏、青海、新疆、宁夏、内蒙古、海南等省份，除海南省以外，其余5个省份都是农村居民互联网普及率较低的地区。

（续）

变量	2014 年	2016 年	2018 年
使用互联网进行商业活动的频率	6.72	6.39	5.81
网上购物花费（元）	333.37	755.52	1 481.65
样本容量	12 536	12 599	10 592

注：使用互联网的频率共有 7 个选项：1＝几乎每天，2＝一周 3~4 次，3＝一周 1~2 次，4＝一月 2~3 次，5＝一月 1 次，6＝几个月 1 次，7＝从不。

5.1.2 不同类型农村居民的互联网使用情况

5.1.2.1 性别角度

总的来说，农村男性和女性在互联网使用行为上存在一定差异，主要表现在：一是农村男性的上网人数比重大于农村女性的上网人数比重，2018 年两者相差 6.48 个百分点；二是农村男性的上网时间长于农村女性的上网时间，2018 年前者比后者人均每周多出 0.60 个小时；三是农村男性使用互联网学习、工作、社交、娱乐和进行商业活动的频率均高于农村女性的使用频率，其中使用互联网娱乐的频率差异最大，而使用互联网进行商业活动的频率差异最小；四是农村男性的网上购物花费多于农村女性，2018 年多出 281.06 元（表 5-2）。

表 5-2 不同性别的农村居民互联网使用情况（2018 年）

变量	男	女	差值（t 检验）
上网人数比重（%）	58.90	52.42	6.48***
每周上网时长（小时）	7.75	7.15	0.60***
使用互联网学习的频率	5.69	5.96	−0.27***
使用互联网工作的频率	5.98	6.35	−0.37***
使用互联网社交的频率	4.10	4.38	−0.28***
使用互联网娱乐的频率	4.26	4.65	−0.39***
使用互联网进行商业活动的频率	5.76	5.86	−0.10***
网上购物花费（元）	1 624.14	1 343.08	281.06**
样本容量	5 222	5 237	—

注：使用互联网的频率共有 7 个选项：1＝几乎每天，2＝一周 3~4 次，3＝一周 1~2 次，4＝一月 2~3 次，5＝一月 1 次，6＝几个月 1 次，7＝从不；*、** 和 *** 分别表示在 10%、5% 和 1% 水平上显著。

5.1.2.2　年龄角度

从年龄的角度看，农村年轻人和中老年人之间的互联网使用行为存在非常明显的差异，农村年轻人普遍上网，使用互联网的时间较长，频率较高，网上购物花费较多。统计显示，2018 年，40 岁以下的农村居民上网人数比重高达 83.07%，而 40 岁及以上的农村居民仅有 34.30% 上网；在每周上网时长上，40 岁以下居民长达 13 小时，而 40 岁及以上居民仅略多于 3 小时；40 岁以下居民使用互联网的频率更高，尤其是在社交和娱乐这两项活动上；40 岁以下居民的网上购物花费是 40 岁及以上居民网上购物花费的 6.8 倍（表 5-3）。

表 5-3　不同年龄的农村居民互联网使用情况（2018 年）

变量	40 岁以下	40 岁及以上	差值（t 检验）
上网人数比重（%）	83.07	34.30	48.77***
每周上网时长（小时）	12.98	3.15	9.83***
使用互联网学习的频率	4.88	6.57	−1.69***
使用互联网工作的频率	5.57	6.63	−1.06***
使用互联网社交的频率	2.64	5.48	−2.84***
使用互联网娱乐的频率	2.95	5.63	−2.68***
使用互联网进行商业活动的频率	4.79	6.61	−1.82***
网上购物花费（元）	2 848.52	420.15	2 428.37***
样本容量	4 630	5 962	—

注：使用互联网的频率共有 7 个选项：1＝几乎每天，2＝一周 3～4 次，3＝一周 1～2 次，4＝一月 2～3 次，5＝一月 1 次，6＝几个月 1 次，7＝从不；*、** 和 *** 分别表示在 10%、5% 和 1% 水平上显著。

5.1.2.3　学历角度

农村居民互联网使用行为与学历存在较强的相关关系。总的来说，相较于低学历农村居民，高学历农村居民具有更大的上网人数比重，更长的上网时间，更高的互联网使用频率，以及更多的网购支出。具体地，2018 年，高中及以上学历农村居民的上网人数比重和每周上网时长分别比高中以下学历农村居民约多出 36 个百分点和 7 个小时；使用互联网学习、社交和娱乐的频率差异较大，使用互联网工作和进行商业活动的频率差异相对小些；此外，高中及以上学历居民的网购花费是高中以下学历居民网购花费的 5.8 倍

（表 5 - 4）。

表 5 - 4 不同学历的农村居民互联网使用情况（2018 年）

变量	高中以下	高中及以上	差值（t 检验）
上网人数比重（%）	48.26	84.80	−36.54***
每周上网时长（小时）	5.98	13.24	−7.26***
使用互联网学习的频率	6.25	4.16	2.09***
使用互联网工作的频率	6.52	4.77	1.75***
使用互联网社交的频率	4.69	2.47	2.22***
使用互联网娱乐的频率	4.88	2.78	2.09***
使用互联网进行商业活动的频率	6.16	4.42	1.74***
网上购物花费（元）	752.60	4 374.58	−3 621.98***
样本容量	8 460	2 132	—

注：使用互联网的频率共有 7 个选项：1＝几乎每天，2＝一周 3～4 次，3＝一周 1～2 次，4＝一月 2～3 次，5＝一月 1 次，6＝几个月 1 次，7＝从不；＊、＊＊ 和 ＊＊＊ 分别表示在 10%、5% 和 1% 水平上显著。

5.1.2.4 收入角度

收入方面，本书首先计算农村居民人均净收入的均值，将收入水平高于均值的农村居民计入"高收入组"，其余农村居民计入"低收入组"。统计显示，高收入农村居民比低收入农村居民具有更为普遍、更长时间、更高频率和更多网络消费的触网行为。具体地，2018 年，高收入农村居民比低收入农村居民在上网人数比重上多出 15 个百分点，在每周上网时长上多出 3 个多小时；在互联网使用频率上，高收入农村居民和低收入农村居民使用互联网社交和娱乐的频率差异最大；在网上购物花费上，两者的差值是 1 792 元（表 5 - 5）。

表 5 - 5 不同收入的农村居民互联网使用情况（2018 年）

变量	高收入	低收入	差值（t 检验）
上网人数比重（%）	65.76	50.75	15.01***
每周上网时长（小时）	9.73	6.38	3.35***
使用互联网学习的频率	5.52	5.98	−0.46***
使用互联网工作的频率	5.67	6.40	−0.73***
使用互联网社交的频率	3.62	4.53	−0.91***
使用互联网娱乐的频率	3.79	4.77	−0.98***

（续）

变量	高收入	低收入	差值（t 检验）
使用互联网进行商业活动的频率	5.36	6.02	−0.66***
网上购物花费（元）	2 696.07	904.07	1 792.00***
样本容量	3 172	7 154	—

注：使用互联网的频率共有 7 个选项：1＝几乎每天，2＝一周 3～4 次，3＝一周 1～2 次，4＝一月 2～3 次，5＝一月 1 次，6＝几个月 1 次，7＝从不；＊、＊＊和＊＊＊分别表示在 10％、5％和1％水平上显著。按照农村居民人均净收入是否大于群体收入均值，将农村居民区分为高收入组和低收入组。

5.1.3　居民互联网使用的城乡对比

一直以来，城乡之间的数字鸿沟被认为既是城乡发展不平衡的一个重要表现，同时也是导致城乡发展差距不断拉大的一个重要原因。城乡数字鸿沟包括数字技术可及性差异和使用能力差异，前者被称为"一级数字鸿沟"，后者被称为"二级数字鸿沟"。从 CFPS 数据的统计结果来看，当前中国城乡居民互联网使用仍然存在一定差异，但是两者之间的差距并非巨大。2018年，城市居民和农村居民的上网人数比重分别是 74.24％和 55.62％，相差18.62 个百分点；城市居民和农村居民的每周上网时长分别是 10.86 小时和7.44 小时，相差 3.42 个小时；在使用互联网开展各种活动的频率方面，城市居民比农村居民都要更高一些，但差距不大，尤其是使用互联网学习和进行商业活动这两项的频率差距较小；在线上购物花费方面，由于城市居民的收入水平更高、消费力更大、触网时间更早以及物流快递配送的便利性更强，其线上购物花费显著高于农村居民，城市居民和农村居民的人均网购花费分别是 5 502.80 元和 1 481.65 元，相差 4 021.15 元，前者是后者的 3.7倍（表 5-6）。换个角度看，中国农村的网络市场消费潜力巨大。

表 5-6　城乡居民互联网使用情况（2018 年）

变量	城市居民	农村居民	差值（t 检验）
上网人数比重（％）	74.24	55.62	18.62***
每周上网时长（小时）	10.86	7.44	3.42***
使用互联网学习的频率	4.96	5.83	−0.87***

（续）

变量	城市居民	农村居民	差值（t检验）
使用互联网工作的频率	5.09	6.17	−1.08***
使用互联网社交的频率	3.17	4.24	−1.07***
使用互联网娱乐的频率	3.46	4.46	−1.00***
使用互联网进行商业活动的频率	4.89	5.81	−0.92***
网上购物花费（元）	5 502.80	1 481.65	4 021.15***
样本容量	11 439	10 592	—

注：使用互联网的频率共有7个选项：1=几乎每天，2=一周3~4次，3=一周1~2次，4=一月2~3次，5=一月1次，6=几个月1次，7=从不；*、**和***分别表示在10%、5%和1%水平上显著。

5.2 互联网使用与农村居民经营性收入： 效应评估

5.2.1 因果识别策略

5.2.1.1 计量模型构建

实证分析互联网使用对农村居民经营性收入的影响，本书从是否使用互联网和互联网使用行为组合两个角度进行。是否使用互联网（Internet access）可以理解为宏观层面的互联网普及在农户微观层面上的一种投射。从逻辑上讲，宏观层面的互联网普及对农村居民经营性收入具有促进作用，那么农户微观层面是否使用互联网对农村居民经营性收入也应该观察到同样的影响效应。为检验是否使用互联网对农村居民经营性收入的影响效应，构建基准回归模型如下：

$$income_{it} = \beta_0 + \beta_1 Interuse_{it} + \beta_2 X_{it} + \varepsilon_{it} \qquad (5-1)$$

在公式（5-1）中，i 代表农村居民个体，t 代表年份，$income$ 代表农村居民经营性收入[①]，$Interuse$ 代表是否使用互联网，X 代表一组控制变量，ε 代表随机干扰项，β_0 代表常数项，β_1 和 β_2 分别代表核心解释变量和控制变量的估计系数。

---

① 在CFPS数据中，由于存在部分样本的经营性收入是负值，即出现经营亏损，因此本书不对经营性收入对数化，OLS回归时采用稳健标准误形式克服异方差问题。

正如前文所指出的，互联网的具体用途有很多，现实中，农村居民通常会使用互联网交替开展不同的活动，这其中极可能产生叠加效应。据此，本书引入"行为组合"的新思维，实证分析互联网使用行为组合对农村居民经营性收入的影响效应。在 CFPS 的问卷中，涉及互联网具体使用的共计 5 项，即利用互联网进行学习、工作、商业活动、社交、娱乐。本书在此提出一个互联网使用的"工具性-情感性"2×2 类别框架。首先，本书将农村居民的互联网具体使用归结为工具性使用和情感性使用两种基本类别，前者基于成本、效率、盈利等目的使用互联网进行学习、工作和商业活动，后者基于情感表达、扩大交际和放松休闲目的使用互联网进行社交和娱乐。其次，本书根据使用频率的高低情况将农村居民的互联网使用划分成"高工具性-高情感性"、"高工具性-低情感性"、"低工具性-高情感性"和"低工具性-低情感性"四种行为组合。具体地，若农村居民在使用互联网学习、工作和进行商业活动的频率上所对应的三个题目[①]的加总得分小于 10.5，即为"高工具性"互联网使用，相反，三个题目的加总得分大于 10.5，即为"低工具性"互联网使用；若农村居民在使用互联网社交和娱乐的频率上所对应的两个题目的加总得分小于 7，即为"高情感性"互联网使用，相反，两个题目的加总得分大于或等于 7，即为"低情感性"互联网使用。为检验互联网使用行为组合对农村居民收入的影响效应，构建以"低工具性-低情感性"互联网使用为参照组的基准回归模型如下：

$$income_{it} = \beta_0 + \beta_1 HHuse_{it} + \beta_2 HLuse_{it} + \beta_3 LHuse_{it} + \beta_4 X_{it} + \varepsilon_{it}$$

$$(5-2)$$

在公式（5-2）中，i 代表农村居民个体，t 代表年份，$income$ 代表农村居民经营性收入，$HHuse$ 代表是否属于"高工具性-高情感性"互联网使用，$HLuse$ 代表是否属于"高工具性-低情感性"互联网使用，$LHuse$ 代表是否属于"低工具性-高情感性"互联网使用，X 代表一组控制变量，ε 代表随机干扰项，β_0 代表常数项，β_1、β_2 和 β_3 分别代表三个核心解释变量的估计系数，β_4 代表控制变量的估计系数。

---

① 在 CFPS 数据中，使用互联网的频率共有 7 个选项：1＝几乎每天，2＝一周 3～4 次，3＝一周 1～2 次，4＝一月 2～3 次，5＝一月 1 次，6＝几个月 1 次，7＝从不。本书以均值作为划分工具性使用和情感性使用水平高低的标准。

　　然而，上述两个基准回归模型的估计结果很可能存在内生性偏误。一方面，农村居民是否使用互联网以及互联网具体使用行为不是随机发生的结果，而是农村居民结合自身和家庭情况以及所处环境做出的主观选择决策，因此理论上存在一些不可观测因素同时影响着农村居民的互联网使用决策及其经营性收入。另一方面，农村居民互联网使用与其经营性收入之间很可能存在反向因果的关系，即经营性收入越高的农村居民越有可能使用互联网，并且收入可能影响他们使用互联网的频率。尽管固定效应模型可以消除部分内生性，但仍无法控制那些随时间而变化且无法观测到的个体差异。为解决潜在的内生性问题，使实证结果更加可靠，本书将使用倾向得分匹配结合双重差分（Propensity Score Matching Difference in Differences，PSM - DID）的方法。PSM - DID 模型由 PSM 和 DID 两个基础模型合并而成，集合了两者的优点，与固定效应模型相比，其能够在一定程度上提高估计结果的稳健性和准确性。DID 是政策效果评估的重要方法，在本书中，农村居民的互联网使用被视为一项政策实验。对于是否使用互联网而言，使用互联网的农村居民即为试验组（或称为处理组），未使用互联网的农村居民即为对照组（或称为控制组），对于互联网具体使用而言，举"高工具性-高情感性"互联网使用为例，属于"高工具性-高情感性"互联网使用的农村居民即为试验组，属于"低工具性-低情感性"互联网使用的农村居民即为对照组。DID 通过对两组各自实验干预前后的结果变量的一阶差分再次作差，从而达到识别实验干预的效果，即互联网使用给农村居民经营性收入带来的净变化。具体的 DID 模型如下：

$$income_{it} = \beta_0 + \beta_1 Interuse_{it} + \beta_2 T_{it} + \beta_3 Interuse_{it} \times T_{it} + \beta_4 X_{it} + \varepsilon_{it}$$

$$(5 - 3)$$

$$income_{it} = \beta_0 + \beta_1 HHuse_{it} + \beta_2 T_{it} + \beta_3 HHuse_{it} \times T_{it} + \beta_4 X_{it} + \varepsilon_{it}$$

$$(5 - 4)$$

$$income_{it} = \beta_0 + \beta_1 HLuse_{it} + \beta_2 T_{it} + \beta_3 HLuse_{it} \times T_{it} + \beta_4 X_{it} + \varepsilon_{it}$$

$$(5 - 5)$$

$$income_{it} = \beta_0 + \beta_1 LHuse_{it} + \beta_2 T_{it} + \beta_3 LHuse_{it} \times T_{it} + \beta_4 X_{it} + \varepsilon_{it}$$

$$(5 - 6)$$

　　在上述四个公式中，T 代表"是否处于干预期"，而交互项的估计系数

β_3 便是反映互联网使用给农村居民收入带来的净效应,是 DID 模型估计的重点。

但是,DID 方法最重要的前提是试验组和对照组的结果变量变化满足"平行趋势假设",即如果不存在互联网使用差异的话,随着时间的变化,试验组农村居民的收入变动趋势和对照组农村居民的收入变动趋势并不存在系统性差异。但从现实来看,DID 方法的这一假设很可能是无法满足的,因为这些农村居民并非随机进入试验组和对照组的。为解决这一问题,Heck-man 等(1997)提出在 DID 回归之前,先采用 PSM 方法为试验组样本构造更为近似的对照组样本,消除试验组和对照组样本之间可观测变量的显著性差异,从而帮助解决 DID 中试验组在受到互联网使用影响前和对照组不完全具备共同趋势假设的问题。

5.2.1.2 变量设置与描述统计

被解释变量是农村居民经营性收入。在 CFPS 数据中,涉及农村居民经营性收入的指标主要包括家庭农副产品净值以及个体经营或私营企业税后净利润。本书将这两方面的收入加总并除以家庭总人口,得出农村居民人均经营性收入。

核心解释变量包括是否使用互联网、是否"高工具性-高情感性"互联网使用、是否"高工具性-低情感性"互联网使用、是否"低工具性-高情感性"互联网使用和是否"低工具性-低情感性"互联网使用,均为哑变量形式,其中是否"低工具性-低情感性"互联网使用将作为其他三组互联网使用行为组合的参照组,因而不直接进入回归方程之中。

控制变量方面,本书借鉴前人研究经验(刘晓倩和韩青,2018;蒋琪等,2018;华昱,2018;韩长根和张力,2019;杨柠泽和周静,2019;王子敏,2019;何学松和孔荣,2019),结合数据的可得性,选取性别、年龄、受教育年限、健康状况、婚姻状况、工作状况、家庭礼金往来、家庭房产数量、家庭是否创业等变量,主要反映农村居民的个体特征和家庭基本情况。其中,受教育年限是根据受访者的学历进行折算的,家庭礼金往来由家庭礼金收入和家庭礼金支出相加而得,家庭是否创业采用"过去12 个月,您家是否有家庭成员从事个体经营或开办私营企业?"这一问题进行测度。

上述相关变量的均值和标准差见表 5－7。统计显示，接受调查的农村居民人均经营性收入是 0.47 万元；有 31％的农村居民使用了互联网；4％的农村居民属于"高工具性-高情感性"互联网使用，1％的农村居民属于"高工具性-低情感性"互联网使用，17％的农村居民属于"低工具性-高情感性"互联网使用，79％的农村居民属于"低工具性-低情感性"互联网使用；受访者有 46％是男性，平均年龄 43.34 岁，以中年为主，平均受教育年限 5.57 年，总体学历水平偏低，大部分受访者身体健康（占 84％）、已婚（占 93％）、有工作（占 86％），平均家庭礼金往来是 0.61 万元，平均家庭房产数量是 1.17 个；约 11％的受访者有家庭成员从事个体经营或开办私营企业。受访者的个体特征和家庭基本情况符合当前中国农村现实，调查样本具有良好的代表性。

表 5－7 相关变量的定义及描述统计

变量名称	定义	均值	标准差
农村居民人均经营性收入	单位：万元	0.47	1.10
是否使用互联网	有上网＝1，没有上网＝0	0.31	0.46
是否"高工具性-高情感性"	是＝1，否＝0	0.04	0.19
是否"高工具性-低情感性"	是＝1，否＝0	0.01	0.07
是否"低工具性-高情感性"	是＝1，否＝0	0.17	0.41
是否"低工具性-低情感性"	是＝1，否＝0	0.79	0.41
性别	男＝1，女＝0	0.46	0.50
年龄	单位：周岁	43.34	10.26
受教育年限	单位：年	5.57	4.19
健康状况	健康＝1，不健康＝0	0.84	0.36
婚姻状况	已婚＝1，其他＝0	0.93	0.25
工作状况	有工作＝1，无工作＝0	0.86	0.35
家庭礼金往来	礼金收入和礼金支出相加，单位：万元	0.61	1.10
家庭房产数量	单位：个	1.17	0.45
家庭是否创业	是＝1，否＝0	0.11	0.31

注：问卷中已经完成的最高学历选项为：文盲或半文盲、小学、初中、高中/中专/技校/职高、大专、大学本科、硕士和博士，本书将其折算为受教育年限，依次为 1、6、9、12、15、16、19、22；此表汇报农村居民人均净收入和家庭礼金往来的原值，但回归时会将其进行对数化处理。

5.2.2　实证结果分析

5.2.2.1　基准回归结果

表5-8汇报了是否使用互联网影响农村居民人均净收入的整体性效应结果。模型1和模型2分别采用混合回归和随机效应回归，模型3、模型4和模型5采用固定效应回归，其中模型3仅控制个体固定效应，模型4仅控制时间固定效应，模型5同时控制个体固定效应和时间固定效应。可以看到，模型1、模型3~5均显示了是否使用互联网对农村居民经营性收入具有显著的正向影响，表明从群体平均效应来看，农村居民使用互联网总体上是有助于提升其经营性收入水平的。通常来说，模型5由于同时控制了个体固定效应和时间固定效应，因而其实证结果相对较为可靠。从模型5的估计系数来看，目前互联网使用约使中国农村居民人均经营性收入平均增长0.05万元。

表5-8　是否使用互联网影响农村居民经营性收入的回归结果

变量	模型1	模型2	模型3	模型4	模型5
	POLS	RE	FE	FE	FE
是否使用互联网	0.066***	0.032	0.047*	0.075***	0.048**
	(0.024)	(0.020)	(0.025)	(0.022)	(0.025)
性别	0.007	0.018		0.009	
	(0.020)	(0.028)		(0.028)	
年龄	0.005***	0.002	−0.015***	0.005***	−0.020*
	(0.001)	(0.001)	(0.004)	(0.002)	(0.010)
受教育年限	0.007***	0.004	−0.001*	0.007**	0.001
	(0.003)	(0.003)	(0.003)	(0.003)	(0.005)
健康状况	0.055**	0.004	−0.040	−0.001	−0.040
	(0.027)	(0.025)	(0.029)	(0.025)	(0.029)
婚姻状况	0.024	−0.001	−0.030	−0.019	−0.031
	(0.044)	(0.052)	(0.085)	(0.052)	(0.085)
工作状况	0.038	0.045*	0.047*	0.044*	0.046*
	(0.029)	(0.025)	(0.028)	(0.025)	(0.028)
家庭礼金往来	0.009***	0.004***	0.002	0.005***	0.002*
	(0.002)	(0.001)	(0.002)	(0.001)	(0.001)

（续）

变量	模型 1	模型 2	模型 3	模型 4	模型 5
	POLS	RE	FE	FE	FE
家庭房产数量	0.096***	0.076***	0.055**	0.075***	0.055**
	(0.021)	(0.019)	(0.038)	(0.019)	(0.021)
家庭是否创业	0.926***	0.832***	0.732***	0.832***	0.732***
	(0.032)	(0.031)	(0.038)	(0.031)	(0.038)
常数项	−0.180***	0.092***	1.055***	−0.115	1.289***
	(0.068)	(0.079)	(0.200)	(0.088)	(0.448)
个体固定效应	—	—	是	否	是
年份固定效应	—	—	否	是	是
R^2	0.079 3	0.078 8	0.043 9	0.080 7	0.033 8
样本容量	12 384	12 384	12 384	12 384	12 384

注：*、** 和 *** 分别表示在 10%、5% 和 1% 水平上显著；括号中报告的是标准误；由于个体性别是固定的，因此无法进入模型 3 和模型 5。

表 5-9 汇报了互联网使用行为组合影响农村居民人均净收入的回归结果。模型 6 采用随机效应回归，模型 7、模型 8 和模型 9 采用固定效应回归，其中模型 7 仅控制个体固定效应，模型 8 仅控制时间固定效应，模型 9 同时控制个体固定效应和时间固定效应。相对于"低工具性-低情感性"互联网使用，"高工具性-低情感性"互联网使用和"低工具性-高情感性"互联网使用均能够显著促进农村居民经营性收入增长。令人意外的是，"高工具性-高情感性"互联网使用似乎不能产生显著的增收效应。然而，基准回归模型并没有考虑自选择性、反向因果、遗漏变量等内生性问题，实证结果很可能存在偏差，需要谨慎对待。

表 5-9 互联网使用行为组合影响农村居民经营性收入的回归结果

变量	模型 6	模型 7	模型 8	模型 9
	RE	FE	FE	FE
是否"高工具性-高情感性"	0.007	0.025	0.064	0.025
	(0.045)	(0.052)	(0.047)	(0.052)
是否"高工具性-低情感性"	0.370***	0.354***	0.398***	0.354***
	(0.112)	(0.120)	(0.112)	(0.120)

（续）

变量	模型 6	模型 7	模型 8	模型 9
	RE	FE	FE	FE
是否"低工具性-高情感性"	0.041*	0.051*	0.083***	0.051*
	(0.023)	(0.027)	(0.025)	(0.027)
性别	0.017		0.010	
	(0.028)		(0.028)	
年龄	0.002	−0.014***	0.005***	−0.019*
	(0.001)	(0.004)	(0.002)	(0.010)
受教育年限	0.004	0.002	0.006**	0.001
	(0.003)	(0.003)	(0.003)	(0.005)
健康状况	0.004	−0.040	−0.001	−0.041
	(0.025)	(0.029)	(0.025)	(0.029)
婚姻状况	−0.002	−0.136	−0.018	−0.016
	(0.052)	(0.085)	(0.052)	(0.085)
工作状况	0.044*	0.045	0.042*	0.045
	(0.025)	(0.028)	(0.025)	(0.028)
家庭礼金往来	0.004***	0.002	0.005***	0.002
	(0.001)	(0.002)	(0.001)	(0.002)
家庭房产数量	0.077***	0.055**	0.075***	0.055**
	(0.019)	(0.021)	(0.019)	(0.021)
家庭是否创业	0.830***	0.730***	0.831***	0.730***
	(0.031)	(0.038)	(0.031)	(0.038)
常数项	0.095	1.047***	−0.098	1.255***
	(0.078)	(0.201)	(0.087)	(0.448)
个体固定效应	—	是	否	是
年份固定效应	—	否	是	是
R^2	0.079 5	0.045 4	0.081 6	0.036 1
样本容量	15 561	15 561	15 561	15 561

注：*、** 和 *** 分别表示在 10%、5% 和 1% 水平上显著；括号中报告的是标准误；以是否"低工具性-低情感性"为参照组。

此外，综合模型 1~9 的结果，家庭礼金往来、家庭房产数量、家庭是否创业等控制变量显著且相对比较稳健地影响农村居民经营性收入。礼金往来所代表的家庭社会资本越丰富，农村居民的收入水平越高，这与已有文献的结论相一致，即在乡土社会结构中，社会资本对于促进农村居民增收具有特殊的意义。家庭房产数量在1%水平上显著且估计系数为正，表明房产数量所代表的家庭物质财富越多，农村居民的收入水平越高。一方面，物质财富是农村居民不断创收的基础，形成正向反馈效应，另一方面，无论是城市还是农村，房产都是货币保值增值的重要手段。家庭是否创业也同样在1%水平上显著且估计系数为正，表明创业是促进农村居民增收的重要途径，间接印证了积极推进农村地区"大众创业、万众创新"对于实现乡村振兴的重要性。

5.2.2.2 PSM-DID测算结果

为纠正可能的内生性偏差，使实证结果更加可靠，本书接着使用PSM-DID方法对互联网使用影响农村居民收入效应进行测算。对参照组和试验组匹配后的差异进行了平衡性检验，发现两组各变量之间已无显著差异，说明匹配有效消除了两组之间除了处理变量之外的其他可观测因素的差异（在此不作汇报）。从表5-10可以看到，以2014年为基期、2016年为干预期的PSM-DID测算结果显示，使用互联网总体上能够显著促进农村居民经营性收入增长，具体到互联网使用行为组合，相对于"低工具性-低情感性"互联网使用，"高工具性-高情感性"互联网使用和"高工具性-低情感性"互联网使用均能够在5%或1%水平上显著促进农村居民经营性收入增长。以2014年为基期、2018年为干预期的PSM-DID测算结果同样如此，表明该结论具有稳健性。这与前文的互联网普及促进农村居民经营性收入增长的结论形成呼应。宏观普及和微观行为两个层面相互印证，使实证结果更加可靠。"高工具性-低情感性"互联网使用的赋能增收效应大于"高工具性-高情感性"互联网使用的赋能增收效应，"低工具性-高情感性"互联网使用的赋能增收效应不显著且增幅不大，综合反映了互联网的赋能增收作用主要来源于工具性使用，而情感性使用的赋能增收作用不大，并且高情感性使用对工具性使用存在不可忽视的负向叠加效应，对于部分农村居民而言，适当调整互联网使用行为组合，增加工具性使用时间，减少情感性使用时间，将会更加充分发挥互联网的作用，产生更好的赋能增收效果。将以2014年为基期、2016年为干预期的PSM-DID测算结果和以2014年为基期、2018年为干预期的PSM-DID测算结果进行对比可以看到，"高工具性-低情感性"

互联网使用的赋能增收效应呈现扩大趋势，而"高工具性-高情感性"互联网使用和"低工具性-高情感性"互联网使用（虽然不显著）的赋能增收效应均趋于缩小，从而总体上导致互联网使用的赋能增收幅度明显下降。

表 5 - 10　互联网使用影响农村居民经营性收入：PSM - DID 测算结果

实验对象	时期 0：2014 年			时期 1：2016 年			双重差分检验结果
	试验组	对照组	差分	试验组	对照组	差分	
使用互联网	0.596	0.462	0.134***	0.590	0.358	0.232***	0.098*
高工具性-高情感性	0.619	0.661	−0.042	0.813	0.523	0.291***	0.333***
高工具性-低情感性	0.450	0.486	−0.036	1.234	0.473	0.761***	0.797***
低工具性-高情感性	0.668	0.583	0.085*	0.805	0.423	0.182***	0.097
	时期 0：2014 年			时期 1：2018 年			
使用互联网	0.611	0.535	0.077*	0.519	0.413	0.106**	0.029*
高工具性-高情感性	0.619	0.698	−0.079	0.533	0.471	0.062	0.141**
高工具性-低情感性	0.450	0.487	−0.037	1.405	0.448	0.957***	0.995***
低工具性-高情感性	0.668	0.553	0.115**	0.536	0.402	0.134**	0.020

注：使用互联网以未使用互联网为对照组，"高工具性-高情感性"、"高工具性-低情感性"和"低工具性-高情感性"以"低工具性-低情感性"为对照组；*、** 和 *** 分别表示在 10%、5% 和 1%水平上显著。

5.2.2.3　收入来源效应

在 CFPS 数据中，农村居民收入被划分为农业收入（农副产品净产值）、工资性收入（打工收入）、经营性收入（个体工商户或私营企业经营净利润）、转移性收入（政府补助、亲友相赠、社会捐助等）和财产性收入（存款利息和投资金融产品的收入等）。从理论逻辑上讲，互联网普及会直接影响到工资性收入、经营性收入和财产性收入，而对于转移性收入，互联网只是提供了更加便利的渠道，并不会影响转移性收入的总量变化。因此，本书只比较互联网使用对农村居民工资性收入、经营性收入和财产性收入的影响效应。表 5 - 11 汇报了互联网使用影响农村居民收入来源的 PSM - DID 测算结果。总的来说，互联网使用显著促进了农村居民工资性收入和经营性收入的增长，但对财产性收入没有产生显著性影响。该实证结果与互联网普及影响农村居民收入的估计结果一致。具体到互联网使用行为组合，其对农村居民收入的影响效应存在一些异质性。相对于"低工具性-低情感性"互联网使用，"高工具性-高情感性"互联网使用显著促进农村居民经营性收入、工资性收入和财产性收入的增长；"高工具性-低情感性"互联网使用显著促进农村居民经营性收入和财产性收入增长，对工资性收入没有显著影响；"低工具性-高情感性"互联网使用对农村居民经营性收入、工资性收入和财产性收入均没有显著性影响。结合估计系数的大小看，总的来说，"高工具性-低情感性"互联网使用是促进农村居民经营性收入的最优行为组合，而"高工具性-高情感性"互联网使用是促进农村居民工资性收入和财产性收入的最优行为组合。也就是说，对于工资性收入和财产性收入增长而言，工具性使用和情感性使用存在正向的叠加效应，这在一个角度上反映了创业经营与就业和投资理财的一些差异。实证结果显示，相比较而言，创业经营对互联网的工具性使用能力要求更高，创业者几乎需要将所有精力用于工具性使用，一旦过多分心于情感性使用，就会降低互联网的赋能增收效应。

表 5 - 11   互联网使用影响农村居民收入来源的 PSM - DID 测算结果

实验对象	收入来源结构		
	经营性收入	工资性收入	财产性收入
使用互联网	0.029*	0.094**	0.006
	(0.066)	(0.041)	(0.005)
高工具性-高情感性	0.141**	0.310***	0.024***
	(0.071)	(0.052)	(0.007)
高工具性-低情感性	0.955***	0.034	0.006**
	(0.123)	(0.040)	(0.003)
低工具性-高情感性	0.020	0.041	0.006
	(0.073)	(0.039)	(0.004)

注：使用互联网以未使用互联网为对照组，"高工具性-高情感性"、"高工具性-低情感性"和"低工具性-高情感性"以"低工具性-低情感性"为对照组；这里汇报以 2014 年为基期、2018 年为干预期的 PSM - DID 测算结果；＊、＊＊和＊＊＊分别表示在 10％、5％和 1％水平上显著；括号中报告的是标准误。

5.2.2.4 收入差距效应

前文研究指出，互联网普及总体上发挥出扩大农村居民内部收入差距的作用，体现互联网赋能作用能否充分发挥与农村居民自身的禀赋特征和主观能动性密切相关。那么，微观层面的互联网使用是否可以得到同样的结论？

本书根据 PSM 得出每个使用互联网的农村居民的反事实收入，进而计算得出这些农村居民在开始使用互联网之前的经营性收入基尼系数，然后根据真实观察到的农村居民经营性收入计算出其事后的收入基尼系数，通过比较观察互联网使用前后农村居民内部经营性收入差距的变化情况。从表5-12可以看到，使用了互联网的农村居民在使用互联网之前的经营性收入基尼系数是 0.532，使用互联网之后经营性收入基尼系数增加至 0.561，群体内部收入差距有了一定程度的扩大。具体到互联网使用行为组合，相对于"低工具性-低情感性"互联网使用，"高工具性-高情感性"互联网使用、"高工具性-低情感性"互联网使用和"低工具性-高情感性"互联网使用均使农村居民经营性收入基尼系数有了不同程度的上升。由于前文的实证结果表明，"低工具性-高情感性"互联网使用对农村居民经营性收入没有显著性影响，因此，我们重点关注"高工具性-高情感性"互联网使用和"高工具性-低情感性"互联网使用的作用，前者使农村居民经营性收入基尼系数由 0.487 增加到 0.506，后者使农村居民经营性收入基尼系数由 0.515 增加到 0.548，上升幅度非常接近。这从一个侧面反映了互联网使用扩大农村居民内部收入差距的作用具有普遍性特点。

表 5-12　互联网使用影响农村居民经营性收入差距的 PSM-DID 测算结果

实验对象	基尼系数	
	反事实结果	实际观察结果
使用互联网	0.532	0.561
高工具性-高情感性	0.487	0.506
高工具性-低情感性	0.515	0.548
低工具性-高情感性	0.506	0.560

注：使用互联网以未使用互联网为对照组，"高工具性-高情感性"、"高工具性-低情感性"和"低工具性-高情感性"以"低工具性-低情感性"为对照组；此处汇报以 2014 年为基期、2016 年为干预期的 PSM-DID 测算结果；将收入高低两端前 10% 的样本分别截断后进行计算。

5.3　互联网使用与农村居民经营性收入：机制检验

5.3.1　机制变量的测度及其描述统计

前文已述，互联网使用通过提升农村居民的信息获取、人力资本和社会资本三个路径对农村居民经营性收入产生影响作用。根据机制变量的基本含义，结合 CFPS 数据的可得性，本书采用"互联网对受访者信息获取的重要性"的指标来测度信息获取变量，这也是既有文献中学者们普遍采用的一个衡量指标（周洋和华语音，2017；周广肃和樊纲，2018；张景娜和张学凯，2020），互联网作为农村居民获取信息的一个渠道，其重要性越强，则表明互联网的信息渠道效应越大。本书还将人力资本变量划分为健康型人力资本和智力型人力资本两种基本类别，分别采用"健康水平"和"智力水平"两个指标进行测度。社会资本则采用"家庭礼金来往"的指标衡量，中国农村是典型的人情社会，遵循着礼尚往来的社交原则，人情礼收入和支出越多，表明社会网络越广、交际越深，因此，该指标可以作为农村居民社会资本的代理变量（杨女岱等，2011；周广肃和樊纲，2018）。具体的指标定义见表 5-13。

表 5-13　机制变量的测度及定义

变量	指标	定义
信息获取	信息获取重要性	互联网对获取信息的重要性：1＝非常不重要，5＝非常重要
人力资本	健康水平	健康＝1，不健康＝0
	智力水平	访员对受访者的观察：1＝很低，7＝很高
社会资本	家庭礼金来往	家庭礼金收入和礼金支出相加，单位：万元

表 5-14 汇报了机制变量的描述统计情况。可以看到，农村居民主观感知到互联网对其获取信息的重要性越来越显著，农村居民对互联网信息渠道的看重程度由 2014 年的 2.01 增加到 2016 年的 2.45，2018 年增加至 2.98，互联网已经成为农村居民获取信息的重要渠道。农村居民的健康水平总体保持稳定，绝大部分农村居民对身体健康程度的自我评定属于健康，但仍有百分之十几的农村居民自认为身体不健康。智力水平方面，从 2014 年到 2018 年，受访农村居民的平均智力水平处于 5.0～5.7 的较高水平区间，略呈先增后减的变化趋势，由于样本对象多为追踪调查且平均年龄在 43 岁左右，随着受访对象的年龄增加，智力水平出现略有下降的情况也是符合常理的。社会资本方面，总体呈现不断提升的趋势，受访农村居民的家庭礼金来往从 2014 年的 0.55 万元增长到 2016 年的 0.62 万元，2018 年增长至 0.66 万元。

表 5-14 机制变量的描述统计

变量	指标	2014 年	2016 年	2018 年
信息获取	信息获取重要性	1.97	2.37	2.90
人力资本	健康水平	0.87	0.87	0.85
	智力水平	5.48	5.61	4.99
社会交往	家庭礼金来往（万元）	0.55	0.62	0.66

5.3.2 机制检验的回归结果

为检验信息获取、人力资本和社会资本等作用机制是否能够得到经验证实，本书借鉴作用机制实证检验的普遍做法，将被解释变量先后更换为采用"互联网对受访者信息获取的重要性"衡量的信息获取、"健康水平和智力水平"测度的人力资本、"家庭礼金来往"衡量的社会资本等机制变量进行实证检验。

表 5-15 机制检验的 PSM-DID 测算结果

实验对象	机制变量			
	信息获取	健康水平	智力水平	社会资本
使用互联网	0.322***	0.023***	0.074*	0.420**
	(0.047)	(0.009)	(0.040)	(0.195)
高工具性-高情感性	0.159***	0.026***	0.136***	0.146
	(0.041)	(0.009)	(0.047)	(0.202)
高工具性-低情感性	0.348***	0.126***	0.083*	0.271
	(0.064)	(0.011)	(0.047)	(0.236)
低工具性-高情感性	0.117**	0.018*	0.027	0.298*
	(0.049)	(0.010)	(0.041)	(0.176)

注：使用互联网以未使用互联网为对照组，"高工具性-高情感性"、"高工具性-低情感性"和"低工具性-高情感性"以"低工具性-低情感性"为对照组；这里仅汇报以 2014 年为基期、2016 年为干预期的 PSM-DID 测算结果；*、** 和 *** 分别表示在 10%、5% 和 1% 水平上显著；括号中报告的是标准误。

表 5-15 汇报了机制检验的 PSM-DID 测算结果。可以看到，总体而言，相对于没有使用互联网的农村居民，使用互联网的农村居民在信息获取、健康水平、智力水平和社会资本上具有更高的水平，该差异通过显著性检验，表明互联网使用显著提升了农村居民的信息获取、健康水平、智力水

平和社会资本，信息获取、人力资本和社会资本作为互联网使用影响农村居民经营性收入的作用路径得到经验证实。具体到互联网使用行为组合来看，相对于"低工具性-低情感性"互联网使用，"高工具性-高情感性"互联网使用、"高工具性-低情感性"互联网使用和"低工具性-高情感性"互联网使用分别在1‰、1‰和5%水平上显著正向影响农村居民的信息获取，其中"高工具性-低情感性"互联网使用的促进作用最大；"高工具性-高情感性"互联网使用、"高工具性-低情感性"互联网使用和"低工具性-高情感性"互联网使用分别在1‰、1‰和10%水平上显著正向影响农村居民的健康水平，其中"高工具性-低情感性"互联网使用的促进作用最大；"高工具性-高情感性"互联网使用和"高工具性-低情感性"互联网使用分别在1‰和10%水平上显著正向影响农村居民的智力水平，"高工具性-高情感性"互联网使用的促进作用略大于"高工具性-低情感性"互联网使用的促进作用，"低工具性-高情感性"互联网使用对农村居民的智力水平没有显著性影响；"低工具性-高情感性"互联网使用在10%水平上显著影响农村居民的社会资本，而"高工具性-高情感性"互联网使用和"高工具性-低情感性"互联网使用对农村居民社会资本的影响不显著。

综合来看，"高工具性-低情感性"互联网使用产生的积极作用最多、最大，这也为前文所得到的"高工具性-低情感性"互联网使用是促进农村居民经营性收入的最优行为组合的结论提供了一定的解释。

5.4 实证检验结果的相关讨论

实证结果表明，互联网使用总体上促进农村居民经营性收入增长，该实证结果与前文的互联网普及促进农村居民经营性收入增长的结论形成呼应。从逻辑上讲，宏观层面的互联网普及对农村居民经营性收入增长具有促进作用，那么农户微观层面的是否使用互联网对农村居民经营性收入也应该观察到同样的影响效应。宏观普及和微观行为两个层面相互印证，使实证结果更加可靠。但是，我们同时也应该认识到互联网普及和互联网使用之间的差异。互联网普及反映的是一个地区的整体环境信息，它引发的是宏观层面的系统性变化，进而从多个方面间接去影响农村居民的经营性收入，包括那些没有直接使用互联网的农村居民也会间接收获互联网普及所带来的信息红利。而互联网使用对农村居民经营性收入的影响更加直接，强调农村居民对于互联网这种工具的亲自使用。因此，互联网普及对农村居民经营性收入的影响效应要大于互联网使用，而对于互联网使用增收效应的实证评估理论上存在低估的可能，因为技术上无法剥离互联网普及对没有直接使用互联网的农村居民的技术外溢效应。但本书认为，在低估的情况下，依然能够观察到互联网使用的显著性增收效应，那么实证结果的说服力就会变得更强。

本书尝试提出互联网使用的"工具性-情感性"2×2类别框架，将农村居民的互联网具体使用归结为工具性使用和情感性使用两种基本类别，前者偏向于理性使用，后者偏向于感性使用。互联网的理性使用和感性使用分别为农村居民的理性能力提升和感性满足需要提供了便利，具体效果取决于每个农村居民的行为组合。本书根据使用频率的高低情况将农村居民的互联网使用划分成"高工具性-高情感性"、"高工具性-低情感性"、"低工具性-高情感性"和"低工具性-低情感性"四种行为组合，进而研究每种行为组合的收入效应。这种行为组合的划分是在同时兼顾必要性和可行性基础上决定的。必要性体现在两个方面，一方面，现实中多数农村居民会使用互联网开展多种不同的活动，并且通常是交替进行的，理论上会产生叠加效应，如果将互联网的每一项使用分别进行单独研究，很可能会形成趋于低估的错误判断；另一方面，通过划分行为组合结合 PSM - DID 可以有效解决内生性问题。可行性体现在划分成四种行为组合在数量上和性质上比较合理和适宜，如果行为类型划分过于细致，会导致行为性质区分度不强、样本容量过度稀释、行为组合数量过多，从而造成实证结果可靠性下降以及实证结果错综复杂，无法给予有效解读。

实证研究表明，"高工具性-低情感性"互联网使用是促进农村居民经营性收入的最优行为组合。"高工具性-低情感性"互联网使用的赋能增收效应大于"高工具性-高情感性"互联网使用的赋能增收效应，"低工具性-高情感性"互联网使用的赋能增收效应不显著且增幅不大，综合反映了互联网的赋能增收作用主要来源于工具性使用，情感性使用的赋能增收作用不大，并且高情感性使用对工具性使用存在不可忽视的负向叠加效应。相比较而言，工具性使用的难度更大，更趋向于专用性人力资本属性，需要农村居民投入一定的时间和精力去学习和训练才能掌握好。淘宝村是农村居民深度应用互联网的产物，是由大量网商集聚在某个村落，形成规模和协同效应的电商产业集聚现象，淘宝村的网商对互联网的工具性使用能力总体上要比非淘宝村的居民强得多，这也是淘宝村保持发展活力的重要内因。非淘宝村的居民要多向淘宝村网商学习，政府可搭建相关平台加强淘宝村网商与非淘宝村居民之间的交流。情感性使用比较容易上手，更趋向于通用性人力资本属性，并且由于其趣味性和娱乐性较强，可能会导致部分农村居民在这方面出现过度使用的情况，甚至是"上瘾了"。长期以来，学者们对青少年、大学生等群体的网络成瘾问题开展了大量的研究（张锦涛等，2014），但专门针对农村青少年和农村留守儿童网络成瘾问题开展研究的成果却十分罕见，这一点值得农村社会学和政策学领域的学者给予关注。对于部分农村居民而言，适当调整互联网使用行为组合，增加工具性使用时间，减少情感性使用时间，将会更加充分发挥互联网的作用，产生更好的赋能增收效果。

前文的实证结果还表明，互联网使用倾向于扩大农村居民内部经营性收入差距，这一结果也与互联网普及部分的估计结果相一致。互联网使用引发的二级数字鸿沟说到底是互联网使用能力的差异性，这种能力差异性既与农村居民原本的资本禀赋相关，又与农村居民的互联网使用动机、使用目的、使用习惯、使用方式直接关联。工具性使用的增收效果相对更加显著，高情感性使用可能会隐含不正确的使用方式而产生负向效应，因此，农村居民在工具性使用和情感性使用上的分化，便会进一步加大农村居民的内部收入差距。正如前文实证结果所显示的，"高工具性-低情感性"互联网使用的赋能增收效应呈现扩大趋势。对于低收入农户的扶持，应重点培养和提升他们的工具性使用能力，帮助他们形成科学合理的互联网使用行为习惯。

实证结果表明，互联网使用对农村居民的信息获取产生重要的积极作用，即信息渠道效应。这一结论与史晋川和王维维（2016）、周洋和华语音（2017），周广肃和樊纲（2018）、张景娜和张学凯（2020）等学者的研究结论相一致。对于创业来说，信息起到了十分重要的作用，不仅有利于商机的捕获（Shane，2000），而且企业的经营管理、业务开展、销售渠道拓展等都离不开信息的作用（Robinson 和 Sexton，1994）。互联网使农民接触到更多的市场信息与知识，增加了基于亲缘地缘交流的有效内容，提供了更为精准的、可定制的在线知识获取方式（王金杰和李启航，2017）。随着互联网平台对大数据技术的应用，基于平台的数据产品不断被开发出来，已有的数据产品有阿里巴巴开发的生意参谋、京东开发的京东商智、数亮科技开发的中国指数网等。数据产品的开发将进一步强化互联网的信息渠道效应，并带来更加可观的增收效应。2017 年 5 月，阿里研究院和生意参谋联合发布《2016年网商数据应用分析报告》，数据显示，随着年销售额的增大，网商应用数据工具的比例持续提高。2018 年 4 月至 7 月，浙江大学 CARD 农村电商研究中心课题组对山东省菏泽市曹县、江苏省宿迁市沭阳县和浙江省杭州市临安区三个地区的 50 个村庄电商农户进行了问卷调查，数据显示，约 28％的样本农户在其网店经营过程中使用了大数据产品。大数据使用型电商农户在大数据产品上年均花费 6 272.2 元。在控制其他影响因素并剔除样本选择偏误以后，大数据使用行为显著正向影响电商农户的收入水平，大数据使用型电商农户比普通电商农户的收入平均高出 53.4％（曾亿武等，2019）。《中国淘宝村研究报告（2020）》指出，在淘宝村所有活跃商家中，使用生意参谋的商家比例达到 78％[①]。众多优秀网商正在运用数据洞察市场、寻找机会，靠直觉、凭经验的时代正成为过去，善用数据成为网商升级的关键。

国内外已有一些研究探讨互联网对居民健康的影响（Balsa 和 Gandelman，2010；王学成和刘长喜，2012；Vavilis 等，2017；汪连杰，2018）、互联网对教育的影响（Jackson 等，2011；Akhter，2013；Usman 等，2014；Pagani 等，2015）以及互联网对区域人力资本存量的影响（Ramlan 和 Ahmed，2009），另有学者研究互联网对消费者人力资本的影响（Richards，2002）。总的来说，国内外关于互联网对人力资本影响的已有研究要么泛指所有的居民，要么针对孩子、学生、老年人、病人和消费者这些群体，直接研究互联网对农村居民人力资本影响的文献非常少见。有学者在其文中指出，数字可接入性的提升有助于增加部分农村地区对外部人力资本的吸引力（Roberts 和 Townsend，2015），但这并非探讨互联网对农村地区内部居民人力资本的影响。本书关于人力资本机制的实证检验间接弥补了现有研究的不足，显示了互联网使用对于提升农村居民人力资本的积极作用。此

---

① 数据来源：阿里研究院《1％的改变：中国淘宝村研究报告 2020》。

前有学者指出，淘宝村的案例表明互联网可以发挥提升农村居民知识技能以及改善健康和心智模式的作用，促进农村居民的能力发展（刘亚军，2018）。但这只是案例分析过程中的简单涉及，本书提供了基于大样本数据的因果识别。乡村振兴的根本在于人才振兴，必须把人力资本开发放在首要位置，注重提升农民的身体素质、教育水平和知识技能，实现农民现代化。近年来，中国农村互联网经济发展十分迅速，互联网日益成为影响农村居民人力资本的重要工具。在实施乡村振兴战略的过程中，要重视促进乡村全面融入信息化浪潮，让更多的农村居民学会依靠互联网，高效接受新政策、新技术、新思路和新商机（刘合光，2018）。在促进健康方面，已有学者得出与本书相近的研究结论。例如，杨克文和何欢（2020）的研究表明，使用互联网对居民健康具有显著的正面影响；Li 等（2020）的实证研究表明，互联网使用能够促进农村成年人健康水平的提升；靳永爱和赵梦晗（2019）研究证实，互联网使用能够促进提高老年人的自评健康和心理健康，这对于全社会实现积极的老龄化有重要意义。但本书进一步发现，工具性互联网使用对农村居民健康水平的促进作用要大于情感性互联网使用。情感性使用固然可以起到身心放松的作用，但是过度的情感性使用则会削弱这种作用，并且工具性使用所带来的健康方面的信息、知识和资源更能起到实质性的促进作用。

本书的实证结果还显示，互联网使用积极促进农村居民的社会资本提升。在国外学界，关于互联网与社会资本之间的关系的研究非常多，形成针锋相对的两种观点：时间置换效应（time displacement）与社会补偿效应（social compensation）。前者认为，面对面交流方式具有不可替代性，其对社会资本的形成有着自身独特的效果，而互联网使用会越来越占用个人的时间，以至于大量减少面对面交流的时间，不利于社会资本的形成；后者则认为，线上交流不仅可以替代面对面交流，成为一种新的远程即时交往方式，而且还比面对面交流更具优越性，即网络的匿名性为现实生活中不擅交流的人提供了一种新的可行途径（黄荣贵等，2013）。本书的实证结果偏向于后者，互联网使用对社会资本的积极效应占主导。与本书看法一致的国内文献也有一些，例如，赵羚雅和向运华（2016）经研究指出，互联网使用显著增加了农民的社会资本；张景娜和张学凯（2020）发现，互联网使用增强了农户的社会互动。此外，本书的实证结果还显示，工具性互联网使用对农村居民社会资本的作用不显著，农村居民社会资本提升主要还是要依赖于情感性使用，即运用互联网开展直接的社会交往和交流。

5.5 本章小结

本章基于 CFPS 三期面板数据，描述统计中国农村居民互联网使用情况，实证评估互联网使用影响农村居民收入的整体性效应、收入来源效应和收入差距效应，并对其理论机制进行了检验，还围绕实证结果开展了相关讨论。数据显示，中国农村居民的上网人数比重增长较快，上网时间不断延长，使用互联网从事各种活动的频率逐年增加，其中使用互联网社交、娱乐和进行商业活动的频率较多且增长较快，网上购物力度也不断增强；相较于女性、中老年以及低学历和低收入的农村居民，男性、年轻人以及高学历和高收入的农村居民具有更大的上网人数比重、更长的上网时间、更高的互联网使用频率以及更多的网购支出；城乡居民互联网使用差异主要在于城市居民的线上购物花费显著高于农村居民，换个角度看，中国农村的网络市场消费潜力巨大。PSM - DID 测算结果显示，使用互联网能够显著促进农村居民经营性收入增长，互联网的赋能增收作用主要来源于工具性使用，而情感性使用的赋能增收作用不大，在各种互联网使用行为组合中，"高工具性-低情感性"互联网使用的经营性收入增长效应最大，对于部分农村居民而言，适当调整互联网使用行为组合，增加工具性使用时间，减少情感性使用时间，将会更加充分发挥互联网的作用，产生更好的赋能增收效果。具体到收入来源，互联网使用显著促进了农村居民工资性收入和经营性收入的增长，但对财产性收入没有产生显著性影响。互联网使用在总体上使农村居民经营性收入的基尼系数增大，扩大了农村居民内部收入差距。实证研究还证实，互联网使用通过促进信息获取、提升人力资本和丰富社会资本三个路径提高农村居民经营性收入。综合来看，"高工具性-低情感性"互联网使用产生的积极作用最多、最大，这与"高工具性-低情感性"互联网使用是促进农村居民经营性收入的最优行为组合的结论相一致。

6 实证研究三：互联网发展影响农村居民经营性收入案例研究

6.1 分析目的和案例选择

6.1.1 案例分析目的

基于大样本数据的因果关系识别能够揭示经济变量之间的基本关系和传导机制。前文基于省级面板数据和中国家庭追踪调查数据，采用计量分析方法实证检验互联网普及和互联网使用对农村居民经营性收入的影响效应及作用机制，证实了互联网发展与农村居民经营性收入之间的正向因果关系。但是，计量分析方法对现象的解释逻辑是建立在将经济变量剥离出来的基础上，即对现实世界进行简化，形成抽象模型，进而开展定量实证研究。现实中，各种经济变量是相互配合着发挥作用，并且是动态变化的。也就是说，计量分析方法无法为我们提供不同经济变量如何相互配合发挥整体性作用的动态图景，它存在将问题抽象在有限个因子与变量之间进而导致特殊现象丢失的缺陷。即便我们已经证实了互联网发展与农村居民经营性收入之间存在正向的因果关系，但这反映的仅仅是一个"面上"的整体性静态规律，而为何有的地区利用互联网能够实现农村居民经营性收入显著增长，他们是如何做到的，互联网的赋能增收效应是如何触发的又是如何持续强化的，这些问题无法通过计量分析方法获得令人满意的答案和解释。从区域实践的需求角度讲，我们除了要识别出互联网发展与农村居民经营性收入之间的因果关系和传导机制，为宏观政策制定提供经验证据和方向指引以外，还需要深入到区域实践层面，去探索互联网赋能增收效应的触发机制和强化机制，从而为落后地区因地制宜开展实践提供更加直接和具体的经验借鉴。

案例研究方法从客观存在出发，关注生活中真实而具体的人和事，尤其是具有特殊意义的组织和事件，并且建基于丰富的背景，着重研究"怎么样"和"为什么"的问题，能够同时涉及不同的人，并揭示事件的动态发展过程，在聚焦、展示和传播具体实践经验上具有独特优势和重要价值。因此，探索一个地区通过互联网赋能农村居民经营性收入显著增长的具体实现过程，总结其成功经验，提炼互联网赋能增收效应的触发机制与强化机制，适合采用案例研究方法。相较于计量分析方法，案例研究方法的独特优势在于，其不仅可以对客观现象进行详细的故事性描述，更能够对现象发生背后的原因进行深入分析，能在很大程度上帮助研究者把握事件的来龙去脉和现象的本质（乔坤和马晓蕾，2008）。当然，案例研究由于涉及极其丰富的信息，必然对研究者提出了更高的要求，包括对案例重要情况的把握，以及提炼概念和理论升华的能力。

案例研究方法对既有的计量研究还具有复证的作用（Porter，2006）。本书在此章开展互联网发展促进农村居民经营性收入增长的案例研究，除了能够更好地揭示成功地区是如何触发以及持续强化互联网赋能增收效应的，还可以对互联网普及和互联网使用影响农村居民经营性收入的理论机制进行再验证。

总而言之，计量分析方法和案例研究方法各自都具有优势，同时也都存在一些弊端，可以通过将这两种方法结合使用来弥补彼此的不足。计量分析方法严格准确、横向铺开，案例研究法直接客观、纵向深入，两者结合使用可以优势互补，形成一个有机整体。本书同时采用两种方法实证研究互联网发展对农村居民经营性收入的影响，一方面可以使研究内容更深入、更完整，另一方面也能够使研究结论更稳健、更科学。

6.1.2 案例选择说明

案例的选择通常应遵循真实性、代表性和可行性的原则（Eisenhardt，1989；Yan和Gray，1994）。本书遵循这三个原则，选择江苏省沭阳县花木产业区作为案例研究样本。

首先是案例真实性。案例理应是事实的集合，作为研究对象的案例必须是真实发生的故事。江苏省沭阳县花木产业区对接互联网并实现农户经营性收入大幅和持续增长是已经发生的、有目共睹的。当然，案例本身的真实性是基础，而收集到的案例信息的真实性则是关键，即所谓的信度问题。为了确保收集信息的准确性，保证案例研究的可信度，本书综合采用个体深度访谈、参与式观察、获取部门报告、检索期刊文献和权威媒体报道等多种途径收集案例资料，不同来源的资料之间通过相互对照和印证，形成"证据三角形"，以此保证研究的信度。对于存在矛盾的资料，笔者进行了再次追问、补充调研、多方求证、集体讨论和反复甄别，以获得真实客观的信息。

其次是案例代表性。由于案例研究方法的特点，案例研究非常耗费时间和人力，通常不会采用大量的样本，而是应用小样本进行研究。此时，案例的代表性显得十分关键。一个案例必须要在某一个领域内具有代表性（Brown，2007）。案例研究法就是通过典型案例，以小见大、以少见多，通过详细描述现实现象是什么、分析其为什么会发生，并从中发现或探求具有规律性的结论。江苏省沭阳县花木产业区在对接互联网并实现农户经营性收入增长方面具有相当的代表性。沭阳县花木产业区是全国最大的农产品淘宝村集群，使用互联网开展网络营销的农户规模较大，电子商务发展以后，沭阳县花木产业区发生了巨大的产业变化和农户经济生活变化。此外，沭阳县的花木电商还一直保持着发展的活力，互联网的赋能增收效应具有可持续性，因此沭阳电商也一直受到多方关注和广泛报道。"沭阳速度"、"沭阳现象"、"沭阳模式"和"沭阳经验"等词汇被各大媒体和学界频繁提起和广泛传播。当然，即便沭阳的个案具有代表性，但在案例研究的过程中也需要认真对待和解决外部效度的问题，即确保通过沭阳个案分析所得出的研究结论具有普遍解释力，能够适用于其他地区，从而为其他地区提供有益的借鉴。对此，本书在沭阳个案的研究过程中反复推敲所提炼的概念、变量、模型及其解释过程是否具有普遍性，变量之间的逻辑是否具有可复制性，并且将研究结论跟其他成功地区（包括浙江临安、山东曹县、广东揭阳等）的案例故事也进行了对照，以检测其外部效度。

最后是案例可行性。可行性，即案例研究过程的可操作性、案例研究目标的可实现性以及案例研究结果的有效性。即便某个案例具备了真实性和代表性，也不足以保证该案例可以被选择为研究对象。如果案例研究的可行性较差，将会影响整个案例的研究质量和效果。对沭阳县花木产业区进行案例研究，具有较强的可行性。一方面，笔者所在单位与沭阳县有着长期紧密的产学研合作关系，开展系统而深入的实地调研工作具有很好的便利性和保障条件；另一方面，沭阳县花木产业区本身在数据统计、事件记录、部门报告等方面有着很好的资料积累，为案例研究提供了宝贵的二手资料。为确保案例研究的内部效度，本研究综合使用了多个来源的数据、构建一系列证据、对案例的关键信息列有单独的研究记录以及概念模型的匹配等具体技术。本研究将尽量对案例进行详细描述和系统理解，对所处的情境脉络与动态的相互作用过程加以剖析，以保证研究结果的真实有效。

6.2 案例基本介绍

6.2.1 沭阳花木产业区"互联网十"发展历程

沭阳县隶属江苏省宿迁市，因位于沭河的北岸而得其名。沭阳是江苏省行政区划面积最大、户籍人口数量最多的县域。2019年，沭阳县行政区划总面积2 298平方公里，户籍人口198.65万人。沭阳县素以改革创新闻名全国，改革开放以后，由原来的贫困县一跃成为百强县，创造了令人瞩目的"沭阳速度"。自2012年以来，沭阳县已连续8年入选"全国百强县"，并连续五届稳居"全国工业百强县"行列。2019年，沭阳县实现地区生产总值950.17亿元、公共预算收入47.9亿元、居民人均可支配收入2.46万元。

沭阳被誉为"中国花木之乡"，花木产业是沭阳的优势品牌产业和精品特色产业。沭阳具有种花赏花的久远传统，据史料记载，沭阳花木种养的风气和传统始于唐代、盛于明清。改革开放以后，沭阳县花木产业得到恢复性发展。在农村居民和政府的共同努力下，沭阳县花木产业从民间自发的缓慢恢复发展到政府高度重视和全面推动下的快速扩面发展，书写了"沭阳速度"的辉煌篇章。目前，沭阳县花木产业已形成"两区""三带"布局：以新河镇、颜集镇、扎下镇、潼阳镇、庙头镇为主的老花木产业区，主要进行家庭分散式种植；以耿圩镇、陇集镇、刘集镇为主的新花木产业区，主要进行企业规模化种植；沿着新 245 省道、新 205 国道、宿迁大道建立集中连片发展的花木产业带。沐阳全县花木种植面积和年销售额由 20 世纪 90 年代初的 0.3 万亩 *、100 余万元，增加到 2019 年的 60 万亩、200 亿元。沐阳花木种植面积约占全省花木种植总面积的 25%、全国花木种植总面积的 5%，是江苏省花木种植面积最大的县域。

近二十年来，沐阳花木产业突飞猛进，不仅发展速度快，而且发展质量高，一个重要原因是得益于互联网的赋能。2019 年，沐阳县网络销售额达 336 亿元，快递发货量达 2.91 亿件。沐阳是全国首批电子商务进农村示范县，位居"全国电商示范百佳县"前十、江苏省农村电商"十强县"首位。2019 年，沐阳拥有活跃网商 4.5 万余家，共有 86 个村居获评"中国淘宝村"，15 个乡镇获评"中国淘宝镇"。

总体看，沐阳花木产业的"互联网＋"发展过程可划分为萌芽期、触发期和强化期三个阶段。

第一个阶段：2001—2005 年，萌芽期。沐阳花木产业区在信息基础设施建设方面起步较早，自 2001 年开始为农户提供 ADSL 宽带接入服务。也就在这个时候，沐阳一些花木农户开始接触互联网。不过，这个阶段农户对于互联网只是简单地使用，主要是利用网页进行信息发布和信息搜寻。少数农村居民尝试利用百度贴吧、BBS 论坛等虚拟社区空间展示、推销自己家里种养的花卉苗木。这是电子商务的原始形式，只有信息发布的简单功能，因此对沐阳花木交易的促进作用十分有限。但是，在"互联网＋"萌芽期，沐阳农户对接互联网进行市场开拓的积极尝试体现了他们的创业学习与探索精神。

第二个阶段：2006—2012 年，触发期。从 2006 年开始，部分花木农户开始积极使用淘宝、天猫、1688 等第三方电商平台尝试开展网络营销。这些花木农户借助具有更多促进交易功能的第三方电商平台之后，对接到了一个全新又广阔的线上市场。在初步探索取得成功后，农村的熟人社会特性发挥了信息传播和知识溢出的积极作用，越来越多的农户陆续加入电商创业的行列。2007 年，沐阳县完成了宽带村村通建设，信息基础设施的完善为更

---

* 亩为非法定计量单位，1 亩＝1/15 公顷。——编者注

好地发挥互联网赋能增收效应创造了重要的基础条件。虽然这段时期，电商创业者的规模还比较小，但是花木农户已经成功触发并启动了互联网的赋能增收效应，沭阳县已经越过了"互联网＋"快速发展的起跑线。

第三个阶段：2013—2020 年，强化期。2013 年，阿里巴巴首次发布中国淘宝村名单，颜集镇堰下村成功入选，这标志着沭阳县"互联网＋"进入到一个持续强化互联网赋能增收作用的新阶段，一个开始广受外部关注、知名度不断提升的新时期。2014 年，新河镇周圈村和颜集镇堰下村入选第二批中国淘宝村，标志着沭阳县对接互联网实现农户创业增收已经开启了跨村连片发展的新格局，产业集聚效应更加凸显。2015 年，沭阳共有 22 个村入选第三批中国淘宝村，新河镇、庙头镇和颜集镇跻身中国淘宝镇行列，成为全国最大的农产品淘宝村集群，连续两年在阿里零售平台农产品交易额的县域排名中稳居前三位，荣获"国家电子商务进农村综合示范县"称号。此后，沭阳县淘宝村数量呈现加速增长趋势，2016 年新增 9 个，总数达到 31个；2017 年新增 10 个，总数达到 41 个；2018 年新增 15 个，总数达到 56个；2019 年新增 30 个，总数达到 86 个（图 6-1）。此外，截至 2019 年底，沭阳已拥有 2 个省级电商示范基地、4 个省级农村电商示范镇、10 个省级农村电商示范村。

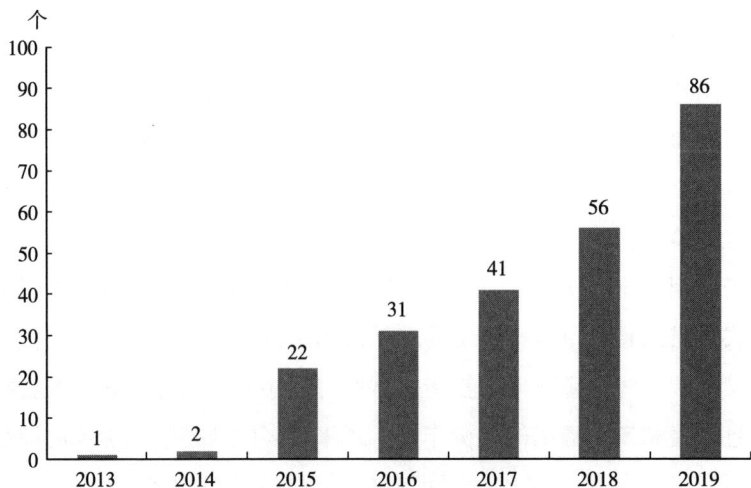

图 6-1　沭阳县淘宝村的数量增长

资料来源：2013—2020 年阿里研究院《中国淘宝村研究报告》。

6.2.2 沭阳花木农户的经济和生活变化

总的来说，在互联网的赋能作用下，沭阳花木农户的经济和生活发生了快速而显著的积极变化（表6-1）。在互联网赋能增收效应触发以前，花木农户的收入水平仅略高于全县农民人均纯收入，虽不存在诸如钱集镇等地区的贫困现象，但由于产业体系简单，产业链条不长，除了从事花木种植以外，没有其他太多的就业机会，大量劳动力外流寻找更好的谋生出路，而外出求学的大学毕业生也较少会选择返乡创业就业。据沭阳县统计，沭阳县劳动力外流最多时，劳动力异地转移人口超过40万人。这段时间，花木农户的种植规模普遍较小，以自家承包土地为主，土地流转率不高，农户自有车辆以摩托车和三轮车为主。

到了互联网赋能增收效应的触发期，率先启动电商的颜集镇堰下村、新河镇周圈村、新槐村、解桥村的花木农户在经历一段时间的摸索和尝试以后，其经营收入逐渐进入快速增长阶段，并产生示范作用，带动亲朋好友一起开网店。随着开网店的农村居民数量增多，沭阳农村的局部地区开始创造出快递、客服、包装等就业岗位，并且这个时期也有部分外出人员开始返乡从事电商创业。电商的起步发展拓宽了农民的视野，改变了农民的思维方式，他们开始意识到，在互联网的帮助下，农村不再是封闭的空间，农民足不出户便可对接外部广阔的市场。开放、包容、共享、创新的互联网精神和思维取代被动保守的传统面貌，成为沭阳花木农户的新标签。

进入互联网赋能增收效应的强化期，农村居民收入实现了倍增。据统计，2019年，沭阳从事花木的电商农户人均纯收入达4.5万元，是全县农民人均纯收入的3倍，种植花卉产业每亩收入在2.5万元左右。浙江大学CARD农村电商研究中心于2016年对沭阳花木农户开展过一次问卷调查，研究表明，电子商务采纳使沭阳花木农户的产品销量和产品利润率分别增加了16％和10％，人均纯收入增加了2.48万元（曾亿武等，2018）。2018年的跟踪调查再次证实互联网的赋能增收效应非常显著，沭阳花木农户平均增收39.7％（Li等，2021）。互联网赋能增收效应也间接体现在带动就业上，花木电商的发展创造了大量的就业岗位，同时促进工资性收入的不断提高。花木电商产业的发展还增加了当地居民的财产性收入，表现在沭阳花木产业区房屋、土地等固定资产的价值实现了倍增。以新河镇为例，当地房屋租金和土地流转价格分别是全县其他区域的 5 倍和 4 倍，每亩土地的流转价格由过去的不到 1 000 元提高到现在的 5 000 元。各个年龄层的农村居民都受到互联网的影响，不断转变自己的观念，提升自己的人力资本。在触发期，从事花木电商的还主要都是 30 岁以下的年轻人，而到了强化期，电商创业者的年龄覆盖 20 到 60 多岁之间的各个年龄段，甚至个别 70 岁、80 岁的老年人也在列。大量外出务工者和大学毕业生陆续选择回乡加入电商创业的行列，很多外地或县城的人才也流入沭阳农村，农村发展呈现出生机勃勃的景象。2019 年，沭阳劳动力异地转移（转出）人口从最多时的 40 多万降至 20 万，并且吸引了多达 14 万的外地人常驻沭阳。大量外出人员返乡创业，留守问题得到解决。电商农户陆续开上了私家车，住进了小洋楼，过上了富裕生活。

表 6-1　沭阳花木农户的经济和生活变化

所处时期	主要情况
萌芽期 （2001—2005 年）	· 花木农户人均纯收入略高于全县农村居民人均纯收入 · 除了从事花木种植，没有其他就业机会，大量劳动力外流 · 种植规模普遍较小，自有车辆以摩托车和三轮车为主
触发期 （2006—2012 年）	· 率先使用电商的花木农户增收较快，产生带动作用 · 局部开始创造出快递、客服、包装等就业岗位 · 部分外出人员开始返乡创业，电商创业者以年轻人为主 · 电商的起步发展拓宽了农民的视野，改变着农民的思维方式
强化期 （2013—2020 年）	· 从事花木电商的农村居民纯收入明显高于全县农村居民纯收入 · 花木电商的发展创造了大量的就业岗位，提高了工资性收入 · 花木电商的发展使房屋和土地等大幅增值，农民财产性收入增加 · 大量外出人员返乡创业，家人团聚，留守问题得到解决 · 许多居民通过开网店开上了私家车，住进了小洋楼，生活富裕 · 电商创业者的年龄层次延伸到各个年龄段 · 农村居民的思想观念和生活方式与城镇化和现代化接轨

6.3 案例分析与发现

6.3.1 互联网赋能农村居民经营性收入增长的触发机制

沭阳的实践表明，互联网发展促进农村居民经营性收入增长效应的触发主要是宏观层面的互联网普及、微观层面的互联网使用以及本地禀赋条件有机结合的结果（图6-2）。宏观层面的互联网普及通过发挥降低自然性市场分割、拓展和优化流通网络的作用，重塑了外部需求形式，形成线上市场需求；与此同时，互联网普及激发了平台企业的包容性创新，形成了能够有效下沉到农村地区的互联网平台，为农村生产者与外部消费者实现线上对接提供了通道。宏观层面的互联网普及还为农村居民的节俭式创新提供了土壤，这些节俭式创新体现在农村居民的互联网使用过程之中，农村居民通过探索式创业学习以及基于内群体交往的知识溢出，有效地利用了本地的禀赋条件，创造出新的内部供给方式，形成线上市场供给。由于外部需求与内部供给实现了同步变迁和互补性匹配，因此该地区成功地触发了互联网赋能增收效应。

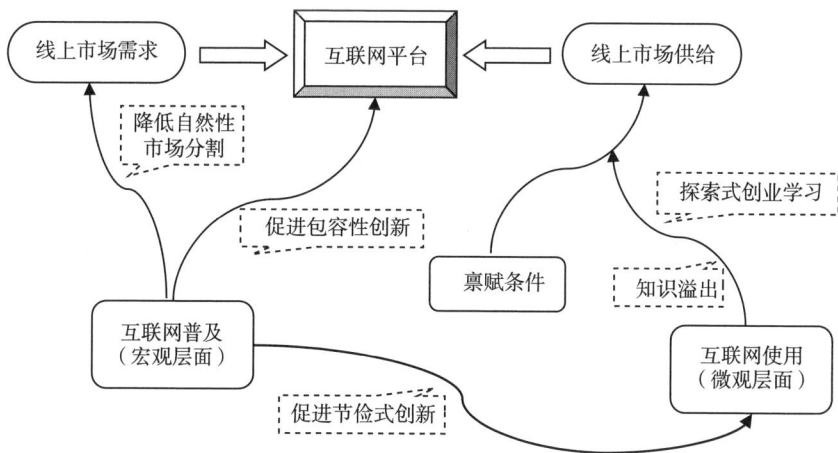

图6-2 互联网发展促进农村居民经营性收入增长的触发机制

以上便是互联网发展促进农村居民经营性收入增长触发机制的整体逻辑，具体可分解并归纳成三个部分：外部需求在线化迁移、内部供给适应性调整和内外供需互补性匹配（表6-2）。

表 6－2　互联网赋能增收效应触发机制的案例资料编码结果

核心范畴	主范畴	副范畴	条目（概念）示例
互联网赋能增收效应的触发机制	外部需求在线化迁移	降低自然性市场分割	· 网络市场摆脱地域的限制，全部呈现在消费者面前，消费者可以低成本地货比三家（减少空间约束） · 消费者随时可以浏览网店和商品，可以随时下订单，也可以很便利地留言、评论和投诉（减少时间约束） · 消费者可以在网上浏览到更多的花木品种（丰富交易品类） · 只要网络连得上、快递送得到的地方，都可以买到想要的花木（拓宽流通网络） · 消费者在网上买沭阳的花木产品要比他在周围实体店里买得便宜，因为是产销直供（减少流通环节）
	内部供给适应性调整	平台企业包容性创新	· 淘宝平台和社交平台准入门槛都很低，几乎不需要押金，这让农户有了尝试的机会和意愿（低准入门槛） · 淘宝平台和社交平台的界面、颜色、形象等方面都挺吸引人，看起来很舒服（平台友好性） · 很多操作便捷不复杂，一学就会（低技术难度）
		本地禀赋条件	· 改革开放以后，沭阳的花木产业发展快速，核心花木区形成万民花木创业的盛况（产业基础） · 沭阳自 2001 年开始建设 ADSL 宽带接入网，到 2007 年完成宽带村村通建设（网络设施条件） · 京沪高速在沭阳境内设有 5 个出入口（交通便利） · 2007 年以前，快递网点覆盖到县城，很快便下沉到花木主产区内部（物流快递条件）
		农村居民节俭式创新	· 把花木产品放到网上去是就地取材，成本低、风险小，但是也要动脑筋克服包装的问题，最后想出了三角式纸箱包装法（包装创新）
		农村居民探索式创业学习	· 开网店是个新鲜事，刚开始很多东西不懂，就多种途径去学习，包括网上搜索视频、买指导书等（探索式创业学习途径） · 我喜欢新的东西，一接触就对开网店着迷了，觉得很有趣，坚持做下去（探索式创业学习态度） · 大家原来就是在创业，创业就要创新，有了新的渠道，首先不会去排斥和否定它，而是会去思考和关注它，这是一种商业嗅觉（探索式创业学习态度）
		知识溢出	· 农村地区大家平时接触的机会多，有利于电商知识的传播，互相学习经验（知识与经验传播） · 初学者疑惑会比较多，可以向有经验的亲友请教，先模仿后创造，少走弯路（模仿式学习） · 网店是透明的，大家你看着我、我看着你，关注着彼此的变化，有一种你追我赶的氛围（群体氛围）

（续）

核心范畴	主范畴	副范畴	条目（概念）示例
互联网赋能增收效应的触发机制	内外供需互补性匹配	供需相互满足	• 刚开始消费者不多，订单量少，但是我们都是尽心服务好，消费者线上买到心仪的产品，就会强化他的网购行为（满足消费者） • 多数消费者认可我们的产品，很少有差评（消费者认可） • 我们也是抱着试一试的心态，消费者每下一个订单，对我们都是一次鼓励和鞭策，我们就会更有决心把网店经营下去（激励供给方） • 赚钱是一方面，服务客户、赢得口碑也是做人的一种追求，互联网确实也为我们与客户之间的沟通以及服务好客户提供很大的便利（供给方认可）

6.3.1.1 触发机制构成Ⅰ：外部需求在线化迁移

需求状况是影响农村居民经营性收入的关键外部因素。随着互联网的不断普及，农村居民面临的外部需求形式发生了巨大变化，即开始形成线上市场需求，并且线上市场需求的比重逐渐增大。互联网普及促进降低自然性市场分割，拓展和优化流通网络。互联网能够帮助市场主体克服空间限制和时间约束，物理性阻隔因素大幅弱化，不同地域的市场汇聚到线上实现整合，竞争更加透明，信息快速共享，市场机制的作用充分发挥。从消费者的角度看，互联网能够很好地满足需求，包括产品种类多样化的需求、货比三家的决策需求、交易便利的需求、购物前后的服务需求、投诉举报的需求等。因此，互联网普及对消费者的线上需求产生诱导作用，越来越多的理性消费者选择线上购物，这是一个必然的发展趋势。但在触发时期，外部需求形式的变化刚开始是比较缓慢的，需要经历一个发展过程。据沭阳花木电商农户介绍，2006 年和 2007 年时，线上的花木需求规模比较小，网店的订单也不多，他们总是积攒着三到五天的订单一起发货。2007 年以后，网购的人越来越多，花木的线上需求量开始快速增长，消费者对花木品种的需求也越来越多，花木领域的长尾产品也在广阔的外部市场中拥有了积少成多的规模性需求。

6.3.1.2 触发机制构成Ⅱ：内部供给适应性调整

在互联网普及的推动下，产品的外部需求发生在线化迁移，形成线上市场需求，那么触发互联网赋能增收效应需要本地的产品供给方式相应地做出适应性调整。复杂适应系统理论认为，经济社会系统中的微观个体是具有适应能力、能够主动学习和调整自我的个体，他们在与环境的交互作用中不断进行着"刺激—反应"，根据行为的效果修正自己的行为规则，以更好地适应环境的变化（霍兰，2011）。本地内部供给方式的调整过程正如复杂适应系统理论所指出的那样，应该是一个适应性的调整过程，其间伴随着本地农村居民的主动学习和调整自我，以更好地适应互联网时代所带来的变化，尤其是需求上的变化。

从沭阳案例的研究中发现，内部供给的适应性调整能否完成与以下几个因素密切相关：平台企业包容性创新、本地禀赋条件、农村居民节俭式创新、农村居民探索式创业学习、内群体知识溢出。

①平台企业包容性创新。互联网的普及降低了整个社会的包容性创新成本，很多企业在推进包容性创新方面由于信息技术的发展而具有了更强的可行性和积极性。尤其是随着农村地区互联网的不断普及，以阿里巴巴、腾讯为代表的互联网平台企业通过加强包容性创新，为广大农村经营者提供了触网增收的机会，也为企业自身的发展带来了巨大的动力。阿里巴巴旗下的淘宝网、腾讯旗下的微信和微店是国内率先广泛实现低门槛面向广大农村经营者的电商平台和社交平台，其大幅降低了当地内部供给方式适应性调整启动所需的学习成本、物质成本、风险成本（崔丽丽等，2014；曾亿武等，2015）。ZC、ZZ、ZX 等人是沭阳的早期电商农户，他们回忆道平台几乎不需要押金、操作便捷不复杂、界面友好吸引人，所有这些具有包容性特征的创新，让学历不高的农村居民都有着尝试的机会和意愿。2007年，ZZ 便抓住网上销售的机遇，先后创办了"金枝玉叶"和"雅康"两家淘宝店销售自家的干花产品，到 2012 年，两家网店的销售额已达到了600 多万元。

②本地禀赋条件。内部供给方式的适应性调整本质上是一种立足于本地禀赋条件的调整，脱离了本地禀赋条件，便称不上是调整，而是颠覆。颠覆式创新是小概率事件，并不具有普适性。沭阳个案的代表性就在于它属于适应性调整，而非颠覆性重造。支撑完成内部供给方式适应性调整的本地禀赋条件主要包括产业基础、网络设施、交通条件、物流快递等方面。本地原有

的产业基础越扎实，则内部供给方式的适应性调整能力越强，调整成本越低，调整难度越小。沭阳的产业基础良好，表现在产业的地理区位、文化传统、经济成本、社会声誉等方面。沭阳地处北纬34度，地理和气候条件使其成为优质花木驯化的理想地区，实现南花北移、北木南迁。沭阳人自古喜爱花木，因而他们对花木产业了解多、情感深、嗅觉敏。改革开放以来，沭阳花木产业得到快速发展，核心种植区形成了全民创业盛况，产生了几十个花木特色专业村、若干个花木特色专业镇，建立了多个花木交易市场和大型花木种植基地。沭阳的花木产品在生产成本、成活率、品类等方面具有竞争优势，因而沭阳被授予"中国花木之乡"的美誉。网络设施的普及是触发互联网赋能增收效应的最基本条件，只有"信息的高速公路"建好了，农民才能"开车上路奔小康"。早在2007年，沭阳县便完成了宽带的村村通建设工程，信息基础设施实现内部的完全普及，为顺利触发互联网赋能增收效应创造了重要的基础条件。此外，沭阳交通便利，花木产业区内部公路网络四通八达，内外运输畅通，为物流快递提供良好的基础，货物空运可借力于邻境的淮安涟水机场、连云港白塔埠机场和徐州观音机场，陆运则有京沪高速穿境而过，设有5个出入口，另有205国道和三条省道。

③农村居民节俭式创新。互联网普及在促进平台企业包容性创新的同时，还能够促进农村居民的节俭式创新。创新通常需要投入，并且面临不确定性。要激发农户群体的创新精神，就必须降低创新的门槛和难度。互联网普及让广大农村居民通过开展节俭式创新实现与互联网经济的接轨。例如，沭阳的花木农户在开网店的过程中，无需像传统创业那样，一开始就要大量采购和囤货，而是就地取材，把产品放到网上，先试探一下市场的反应，这样可以减少成本投入和风险，避免资源浪费。根据试探之后的市场反应，花木农户进一步辨识到了现有资源的价值和潜力，获得了充分挖掘现有能力去满足客户需求的良好激励。这种"试探—辨识—激励"的节俭式创新流程，几乎每个触网销售的花木农户都经历过。在激励的带动下，花木农户不断在售后服务、图片美工、快递包装等方面进行各种节俭式创新。例如，在快递包装方面，花木农户想出了"三角式纸箱包装法"，在用胶纸固定好花木的关键位置以后，用三角式纸箱包装，外部能够很好地抗压，保证花木较好地

送到消费者手里。

④农村居民探索式创业学习。创业学习是指在创业的过程中通过获取和开发创业新知识和技能以推动企业成长和发展。运用互联网进行营销是有别于传统线下营销的新销售方式。沭阳的多数花木农户没有接受过电子商务相关的专业学习，在这种情况下，互联网赋能增收效应依然能够触发，这与沭阳花木农户开展探索式创业学习的精神是分不开的。探索式创业学习要求创业者打破原有知识结构的禁锢和路径依赖，挑战已有的心智模式，敢于在经营的组织边界以外积极地探索和获取新知识和新技能（朱秀梅等，2014）。沭阳花木产业区在从"以粮为纲"的贫困时期到积极发展花木产业的转变过程中，早已形成了开放和学习的精神和浓厚氛围。这种群体精神和氛围在互联网时代延续着它的强大活力，并造就了一种十分难得地对新事物的渴望、对新现象的热情以及对新商机的嗅觉。由于开网店是新鲜事，沭阳的花木农户刚开始都不懂，但他们通过多种途径不断进行探索式创业学习，包括网页检索、观看视频、购买图书等。

⑤内群体知识溢出。沭阳的实践显示，群体中的个体创业学习通过内群体的社会交往，相互之间产生知识溢出效应，能够起到事半功倍的效果，最终形成整个群体快速而有效的知识积累。中国乡土社会是一个熟人社会，基于血缘、业缘、地缘的村民之间的交流非常频繁，信息传播速度非常快，加上沭阳在触发互联网赋能增收效应之前便已形成了花木产业区，而产业集群内部的网络组织结构本身就是促进知识溢出的天然通道。熟人社会机制与集群网络结构的相互叠加，使沭阳花木产业区在触发互联网赋能增收效应的过程中产生巨大的内群体知识溢出效应。知识溢出使互联网知识快速地外溢扩散，集群里的花木农户通过互帮、互带、互传，纷纷采用互联网平台进行相应变革获取收益，在集群内营造了应用互联网进行经营管理创新的内群体环境（陈永富等，2018）。

6.3.1.3 触发机制构成Ⅲ：内外供需互补性匹配

在与沭阳花木农户的访谈中获得的启发是，互联网赋能增收效应的成功触发是内外供需有效匹配的结果，任何一方都无法单独促成这一效应。无论是消费者还是供给者，都有经济需求和心理需求，如果线上的交易能够增进彼此的经济获得感和心理获得感，那么这种匹配就会成立并且可持续发展下去，这种匹配称为"互补性匹配"（Complementary Fit）。在企业管理学领域，互补性匹配被定义为个人和组织相互满足对方所需的程度，换句话说，个人弥补组织所需，或者是组织弥补个人所需。具体到沭阳花木农户身上，那便是"消费者需要—线上供给匹配"和"供给者需要—线上需求匹配"。外部消费者需求形式发生迁移意味着消费者产生了新的经济需求和心理需求，沭阳花木产业区在农户的努力下做出了内部供给方式的适应性调整，成功地让消费者取得相应的经济获得感和心理获得感，既强化了消费者的网购行为，又反过来激励了花木农户，因为花木农户在满足消费者需求的同时，自己也取得了经济获得感和心理获得感。这种互补性匹配能够产生正向的循环累积反馈效应，从弱到强，从点到面，消费者与供给者相互激励，共同触发了互联网的赋能增收效应。

6.3.2　互联网赋能农村居民经营性收入增长的强化机制

互联网发展不仅实现了沭阳农村居民经营性收入的增加，而且还实现了互联网赋能增收效应的持续强化。沭阳淘宝村的数量从 2013 年的 1 个增长到 2019 年的 86 个，花木产业发生显著变化，农村居民生活得到明显改善。沭阳的实践表明，互联网赋能增收效应的持续强化本质上是内外供需不断发生累积性匹配的结果（图 6-3）。随着互联网普及的进一步推进，外部需求持续在线化迁移，线上市场需求快速膨胀，消费者对供给的要求也在不断提高，这为互联网赋能增收效应的持续强化既提供了很好的需求容量又提出了新的供给要求，因此，确保互联网赋能增收效应的持续强化关键在于内部供给能否实现创造性调整。而有效实现内部供给的创造性调整，需要多方面同时发力：一是建立起知识溢出和知识转移互促互补的知识流动格局，农村居民开展更加深入的双元创业学习，持续推进节俭式创新；二是互联网平台企业持续开展包容性创新，不断开发更具适宜性和包容性的新业态、新模式、新平台；三是顺应互联网普及的发展趋势，当地政府形成互联网思维，及时提供所需的公共产品和公共服务，与"分工-市场"双向反馈循环作用形成互补，共同强化产业集聚效应，巩固提升本地禀赋条件；四是互联网普及促进劳动力、人才和技术等要素下沉到本地，增强本地的互联网使用能力。

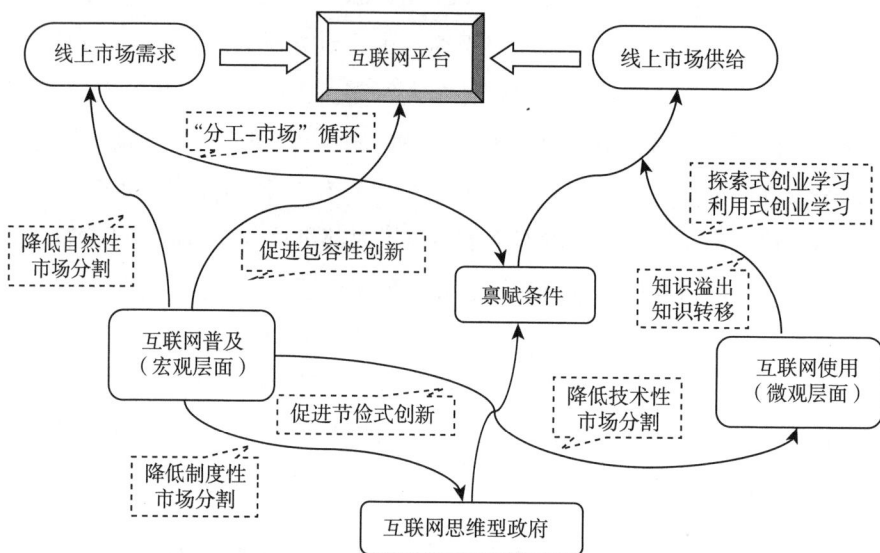

图 6-3　互联网发展促进农村居民经营性收入增长的强化机制

以上便是互联网发展促进农村居民经营性收入增长强化机制的整体逻辑，具体可分解并归纳成三个部分：外部需求持续在线化迁移、内部供给创造性调整和内外供需累积性匹配（表 6-3）。

表 6-3　互联网赋能增收效应强化机制的案例资料编码结果

核心范畴	主范畴	副范畴	条目（概念）示例
互联网赋能增收效应的强化机制	外部需求持续在线化迁移	降低自然性市场分割	·电子商务成为越来越重要的商品流通方式，线上需求越来越庞大（线上需求剧增） ·电商平台上的商品种类细分空间巨大，各种商品都会出现在线上市场（线上市场空间巨大） ·本地市场与外部市场越发融合为一体，城乡之间的市场边界淡化（淡化市场物理边界） ·线上需求越大，表明线上市场对线下市场的替代作用、互补作用和融合作用越大（线上线下融合发展）
	内部供给创造性调整	平台企业包容性创新	·除了淘宝平台和社交平台，拼多多平台的用户也多起来了，又给了大家一些机遇（平台多样化） ·抖音、快手等视频带货方式带动了一波农户，让他们也有了机会（平台多样化） ·行行出状元，有些农户特别适合搞直播电商，无师自通，还不用像开网店那么麻烦（平台多样化）

（续）

核心范畴	主范畴	副范畴	条目（概念）示例
互联网赋能增收效应的强化机制	内部供给创造性调整	本地禀赋条件优化	• 沭阳电商发展起来后，吸引全国各地花木供应商前来合作（产业集聚效应） • 沭阳建立了新河电商快递园区，实现快递直接从新河镇发往全国各地（物流快递条件）
		农村居民节俭式创新	• 越来越多的花木品类被农户陆续放到网上销售，沭阳花木销售由原来的工程苗木、盆景拓展到干花、鲜切花、多肉、进口花卉等品种（品类创新） • 花木农户还开发了气柱卷材包装法、纸箱多维折叠包装法、多肉脖子卡牢法等确保花木完好无损的包装方法（包装创新） • 卖盆景的农户由原来采用一张照片代表一类盆景改为一盆一照片并分别加以编码（经营服务创新） • 有的农户受电视剧《三生三世十里桃花》的启发，制作了桃树、桃花的干花类产品，在网上大卖（产品创新）
		农村居民探索式创业学习	• 从开网店、做微商，再到视频带货、直播电商，花木农户不断与时俱进，探索学习新模式（探索式创业学习对象） • 网络市场变化太快，你需要不断学习，尤其是代表新趋势的东西（探索式创业学习态度）
		农村居民利用式创业学习	• 开网店的难度在加大，你需要越来越专业，网店相关的知识需要不断补充和更新（利用式创业学习原因） • 网店经营的规则不定期调整，你需要钻研、勤动脑子，才能不被淘汰（利用式创业学习原因） • 消费者的要求越来越挑剔，网店经营服务和产品供应每个环节都要争取做到最好，有数据作为引导，才能做到用户至上（利用式创业学习原因） • 我和我老婆是分工负责和分工学习的，我主要学习线下产品部分，她学习线上经营部分，不断深化（利用式创业学习方式） • 平台上沉淀了很多交易数据，通过使用生意参谋等数据产品，可以了解市场动态，做出准确决策（利用式创业学习方式）
		知识溢出	• 我们成立了网商协会，促进交流（成立网商协会）
		知识转移	• 政府举办不同级别电商技能培训（电商技能培训） • 花乡创业网聘请本地优秀网商，开展导师分享活动（优秀网商当导师） • 多个乡镇成立电商公共服务中心，为困难群体提供电商扶持（电商公共服务中心）

（续）

核心范畴	主范畴	副范畴	条目（概念）示例
互联网赋能增收效应的强化机制	内部供给创造性调整	降低技术性市场分割	·大批外出务工人员、大学毕业生、退伍军人回到沭阳参与电商创业，注入了人力资本和发展活力（返乡创业） ·花木农户通过互联网可以远程对接杭州等地的服务商，获得技术服务（远程技术服务） ·沭阳建立了苏奥产业园等园区，吸引外部专业人才入驻，为沭阳电商发展提供技术支持和专业服务（人才引进）
		互联网思维型政府	·政府必须转变思维，适应当地电商发展的需要，及时采取各种有效措施（转变思维） ·政府必须有所为，而不是乱作为、瞎指挥，首先要懂得互联网经济发展的规律（转变思维） ·不能排外，相反，要引进更多的供应商，与本地企业平等竞争，发挥产业集聚效应（降低制度性市场分割） ·地方保护行不通，互联网时代就是要开放，互联网时代要求政府是服务型的（降低制度性市场分割）
	内外供需累积性匹配	供需共同升级	·沭阳淘宝村集群规模越来越大，电商农户越来越多，说到底就是我们越来越有能力提供性价比更高的产品（供给升级） ·电商市场很庞大，消费者的需求越来越多样，消费者也越来越挑剔，这会倒逼我们、鞭策我们（需求升级）
		"分工—市场"双向反馈循环	·线上需求越大，线下获得的生产激励就越大，分工体系就越健全（需求促进分工） ·产业规模扩大，各种成本就会下降，本地禀赋条件的优势得到巩固和提升，有利于占领线上市场（分工促进需求）

6.3.2.1 强化机制构成Ⅰ：外部需求持续在线化迁移

互联网赋能增收效应的强化意味着，在被互联网赋能的农村居民数量增长的同时，农村居民在整体上保持着显著的平均增收效果。而要实现这一点，首先，外部需求形式要发生持续性迁移，即相对应的线上市场需求容量不断扩大。互联网普及带来的降低自然性市场分割、拓展和优化流通网络的作用会持续下去，这是沭阳花木产业区面临的大环境，为该地区互联网赋能增收效应的强化提供了良好的需求条件。在访谈中了解到，沭阳的花木产品借助互联网销往全国各地，包括海外市场，线上的花木产品需求旺盛，流行产品、个性产品、创意产品、长尾产品等不同类型的花木产品都有强劲的需求。据沭阳县有关部门监测，2019 年平均每秒有 10.87 件快递从沭阳发往世界各地。与此同时，消费者对产品供给的要求也在不断提高，甚至是非常挑剔，包括对网店的装修、购买前与售后的服务、产品的展示方式、物流服务、产品包装等方面。

6.3.2.2 强化机制构成Ⅱ：内部供给创造性调整

外部需求的持续性迁移，在为供给端提供机遇的同时也提出了更高的挑战。确保互联网赋能增收效应持续强化，关键在于内部供给能否实现创造性调整。从沭阳案例的研究中发现，内部供给的创造性调整能否完成与以下因素密切相关：平台企业包容性创新、本地禀赋条件优化、农村居民节俭式创新、农村居民双元创业学习、知识溢出与知识转移、降低技术性市场分割、互联网思维型政府。

①平台企业包容性创新。互联网普及激发了平台企业的包容性创新活力，随着网络市场经济的发展，平台企业持续进行着包容性创新，不断开发更具适宜性和包容性的新业态、新模式、新平台，为互联网赋能增收效应的强化奠定了基础。在沭阳花木产业区，各种不同的互联网平台先后被花木农户所采纳，有些农户从众多平台中找到适合自己的触网方式并钻研下去，也有些花木农户实施平台多元化发展战略。除了原先的淘宝和腾讯，京东、拼多多、抖音、快手、淘宝直播等平台和业态也让部分适合的农户有了发展机会。尤其是直播电商这种形式，极具包容性创新特性，农户既可以选择直接以自家庭院场景为基础开展"原汁原味"、真实朴素的直播，也可以选择使用专门布置过的场地和设备开展计划性和技巧性较强的专业型直播，准入门槛和运营成本低，却又能够给消费者呈现专业化的解说、规模化的互动和场景式的体验。以直播电商为代表的平台企业包容性创新，为沭阳花木产业区的供给方式创造性调整提供了重要动力，据《2020 淘宝直播新经济报告》显示，沭阳花木的直播电商销售额占全国所有花木直播电商销售额的三分之一。在新河镇周圈村，"小草园艺"的店主 JAH 每天都会直播几个小时。"开始搞直播时，还会给自己化个妆，现在忙得有时连脸都来不及洗就直播了。"JAH 说，越是这样原生态的方式，顾客越会信赖你。JAH 从一名普

通的网店客服人员蜕变为直播电商达人，现在一天的直播销售额高达万元，年销售额达到 500 多万元。

②本地禀赋条件优化。本地禀赋条件既是互联网赋能增收效应触发的基础，也是互联网赋能增收效应强化的重要支撑。在互联网赋能增收效应触发以后，本地禀赋条件获得了优化，进而助推内部供给方式实现创造性调整。本地禀赋条件优化的机制在于产业集聚效应的凸显、集群公共需求的扩张。沭阳电商发展起来后，吸引全国各地花木供应商前来合作，他们入驻花木产业区，为当地网商提供海量的花木产品。沭阳还建立了新河电商快递园区，实现快递直接从新河镇发往全国各地。沭阳移动公司积极配合花木产业发展需要，不断加快乡镇、淘宝村等地区 4G 和光纤建设的步伐，实现 4G 网络百分之百到达各乡镇。针对宽带需求十分迫切的新河镇、颜集镇和庙头镇，沭阳移动公司特别启动了专项建设项目，覆盖宽带用户约 3.5 万户。国际花木城、耿圩多肉、庙头月季、章集鲜切花、苏台园艺、三叶园林、俄乐岗彩色苗木、周圈盆景市场、解桥花木资材市场、陇集蝴蝶兰、扎下黑松、新河沃彩园艺、新河干花基地、新河淘宝花卉市场等 200 多个花木园艺产业基地，形成了规模庞大、层次分明、结构合理、种类多样的现代花木产业体系。其中，三叶园林成为全国最大的榉树种植园区、苏台园艺成为全国最大的多肉穴盘苗生产园区，沭阳月季、沭阳地柏、桑墟榆叶梅等获评国家地理标志商标（产品），花木产业进入品牌发展 2.0 时代。依托国家级现代农业产业园建设工程，沭阳正在逐步形成花木产业集聚发展带、现代物流园、现代农业科创园、精品花卉生产示范基地、多肉花卉生产示范基地、花卉苗木标准化生产基地的"一带""两园""三基地"格局。

③农村居民节俭式创新。从沭阳的个案可以明显观察到，随着互联网赋能增收效应进入强化时期，农村居民的节俭式创新范围不断拓展，并且进行得更加深入。在产品种类方面，越来越多的花木品类被农户陆续放到网上销售，沭阳花木销售由原来的工程苗木、盆景拓展到干花、鲜切花、多肉、进口花卉等品种。在包装方面，农户在三角式纸箱包装法的基础上，进一步开发了纸箱多维折叠包装法、气柱卷材包装法等确保花木运输过程完好无损的新包装方法。在经营服务方面，卖盆景的农户由原来采用一张照片代表一类盆景改为一盆一照片并分别加以编码化，确保送到消费者手里的盆景跟线上

看到的是完全一致的。在业务转型方面，有的农户在经历多次调整后，将自己的主营业务转型至高档盆景销售，以满足高端客户的需求。在产品创新方面，农户摸索出一条线下产品研发和线上销售相结合的路子，不断开发新的创意产品，例如，在电视剧《三生三世十里桃花》热播的过程中，ZZ 受到启发，发现了可能的商机，全家人开始制作仿真桃花树并在线上出售，由于成品生动逼真，高峰期 ZZ 的几个网店交易额不断走高，仅一款单品一年就为其带来 500 万元的收益。

④农村居民双元创业学习。相对于触发时期，强化时期的农村居民需要更加深入的双元创业学习，即探索式创业学习和利用式创业学习，前者强调从外部获取新的创业知识，后者强调对现有知识的精炼和深化，并且从群体发展角度来看，两者总是持续交织进行的，达成一种双元性平衡。当整个群体探索式创业学习和利用式创业学习处于某种均衡、协调、匹配的状态下，探索式创业学习和利用式创业学习对创新绩效有着正向的交互作用（张振刚等，2014）。在沭阳，强化时期的农村居民探索式创业学习主要体现在：一是从开网店、做微商，到视频带货、直播电商，花木农户不断与时俱进，探索学习新模式、新业态；二是应对竞争愈发激烈的网络市场，农户在网店经营上不断补充和更新知识，变得越来越专业；三是及时根据网店经营规则的调整进行相应的学习；四是使用数据产品辅助网店经营，借助数据产品及时了解市场动态，做出准确决策。农村居民的利用式创业学习则主要体现在对原有花木市场知识和产品知识的深化，他们从不同视角审视和创造性地利用已有的花木知识，注重对已有知识的创造性组合和利用。

⑤知识溢出与知识转移。知识传播的渠道通常可以划分为知识溢出和知识转移两个基本途径，前者是通过日常交流的非正式形式而产生的知识传播，后者是有计划、有组织、有安排地进行正式的知识传播。从触发时期到强化时期，沭阳花木农户的交流方式从传统的拜访、面对面交流转变为借助互联网的高效交流。此外，沭阳电商农户还成立了电商协会等组织，加速成员内部的知识溢出。但是，基于内群体的知识溢出由于仅锁定在强关系圈内部，信息传播到一定程度便趋于同质化和饱和状态，形成局限性和封闭性。因此，仅依靠内群体知识溢出的方式无法满足内部供给方式做出创造性调整的诉求，采用有计划、集中组织的方式来进行知识转移显得十分必要。从沭

阳的个案实践来看，知识转移的形式可以有两种。一种形式是雇佣本地的优秀网商开展配对孵化。例如，沭阳成立了花乡创业网，搭建了创业大赛的信息平台，邀请本地优秀网商担任创业导师，利用互动交流版块为创业者提供帮助。再如，沭阳在多个乡镇建立了电子商务公共服务中心和村级服务站，邀请本地优秀网商开展一对一创业指导。颜集镇堰下村的 XCM 在堰下村创办电商服务站后，当起了教员，向学员们传授自己的网店心得，并帮助 50 多名青年创办了网店。另一种形式是政府通过购买服务的形式从外部机构引进专业人才到本地开展技能培训，这种方式组织效率高、专业知识传播速度快，有助于本地居民摆脱封闭性和盲目性，提升花木农户的创业警觉性和机会识别能力。2018 年，沭阳县完善政府购买公共服务机制，依托淘宝大学、传智学院等第三方专业电商培训机构，组织开展各类网络创业培训，其中，网络创业基础培训和新农人创业培训均分别累计培训 3 000 余人次、中小企业管理人才培训累计培训 760 余人次、乡镇个性化创业培训累计培训 1 000 余人次。沭阳县围绕花木产业提档升级，实施花匠千人培训计划，重点培养盆景制作及养护、盆景造型培育、插花艺术、盆景编艺等方面的专业技术人才。沭阳县还先后与江苏省农业科学院、南京农业大学、南京林业大学、华中农业大学等科研单位和高等院校建立了紧密的产学研合作关系，组织开展花木新品种、新技术、新模式等方面的培训，累计协同引进、培育和推广 1 600 多种优良花木。

⑥降低技术性市场分割。互联网普及打破了以往技术人才、技术成果和技术服务难以下沉的局面，城乡之间的技术流动开始具备了双向的趋势和动力机制。而技术人才、技术成果和技术服务能够以某些形式下沉到农村地区，对当地内部供给方式实现创造性调整具有重要的积极意义。在沭阳，随着互联网赋能增收效应进入强化时期，大批外出务工人员、大学毕业生、退伍军人返乡参与电商创业，为本地注入了人力资本和发展活力，也带来了新思维和新想法。花木农户通过互联网可以远程对接杭州等地的服务商，获得专业的技术指导和技术服务。沭阳还建立了苏奥电商产业园、软件产业园、网络创业孵化基地等园区，吸引外部专业人才入驻，为沭阳电商发展提供技术支持和专业服务。问卷调查显示，2015 年已经有超过四分之一的沭阳花木电商农户向电商服务商寻求过专业的技术服务（曾亿武和郭红东，2018）。

⑦互联网思维型政府。连通性是互联网最基础、最本质的特征，基于连通性的本质特征，互联网对一个地区产业经济影响的实质是构建无界、有效、全面的开放式创新网络。为了充分发挥互联网的这种积极作用，政府需要从互联网连通性这一逻辑起点出发，摆脱传统的地方保护思想禁锢和干预市场的行为惯性，形成"开放、平等、协作、共享"的互联网思维，努力降低制度性市场分割，深化与外部的合作，积极引进各方资源和主体，并创造与本地企业和农户平等竞争的环境，这样更有助于本地产业的长远发展。沭阳的个案表明，为了更好地推动内部供给方式实现创造性调整，本地政府非常有必要及时转变思维，调整集群扶持政策，及时提供互联网经济发展过程中所需的公共产品和公共服务。沭阳花木产业区的电商化发轫于农民自发的创业创新，继而重塑了政府对新阶段扶持花木产业发展的认识，使政府决定将更多的资源往鼓励花木产业对接互联网实现升级的方向倾斜。例如，沭阳县设立了电子商务专项发展资金，用于仓储物流、创业培训、孵化基地建设、竞赛举办等方面的补助和奖励。再如，沭阳县新建多个产业园区和园艺基地，大力引进来自全国各地的花木供货商和资材生产商，与本地企业平等竞争。又如，为了加快推动沭阳花木电商实现高质量发展，沭阳县政府不断深化与阿里巴巴的战略合作，在全国首创了花木直播电商的新型政企合作模式，即线上设立花木产业带与线下设立花木直播基地相结合的线上线下融合发展模式，沭阳县拥有了全国首个淘宝官方授权的花木园艺类直播电商基地。

6.3.2.3 强化机制构成Ⅲ：内外供需累积性匹配

沭阳的实践表明，互联网赋能增收效应的强化本质上是内部供给方式能够顺应外部需求形式的持续性迁移而进行相应的创造性调整，实现内外供需的累积性匹配。这种累积性匹配的内在机制体现在两个方面：一是供需共同升级，二是"分工-市场"双向反馈循环。外部需求形式的持续性迁移主要表现为线上需求容量扩大和线上需求规格升级两个方面。线上需求容量的扩大为互联网赋能增收效应的强化提供了量这一维度上的条件支持，为本地更多农户卷入强化体系提供更多的可能性。线上需求规格升级在对内部供给方式调整带来挑战和压力的同时，也为内部供给的创造性调整提供机遇和动力。需求升级倒逼供给升级，使本地在电商农户数量增长、网络竞争趋于白热化的同时，能够通过提升产品附加值和利润率，保持群体整体良好的增收水平。亚当·斯密在《国富论》中提出"分工受市场范围限制"的重要论断，此后 Young（1982）在此论断基础上提出分工与市场规模之间存在自我循环机制，即分工能够扩展市场规模，市场规模扩展能够反过来促进分工深化，形成良性循环，促进经济持续增长。沭阳的实践显示，互联网赋能增收效应的强化得益于需求促进分工、分工促进需求的循环作用。线上需求越大，线下获得的生产激励就越大，分工深化便具有了更强的经济性，诱发分工体系趋于健全化。在沭阳，围绕电商农户群体的企业内部分工与产业分工不断深化，劳动岗位覆盖培育、种植、加工、包装、运输、研发、运营、营销、客服、美工、设计、编辑、摄影、培训、平面模特等工种，专业化程度不断加深。而随着产业集群规模的不断扩大，各种成本趋于下降，本地禀赋条件的优势得到巩固和提升，有利于占领线上市场，扩大本地的市场需求规模，为分工深化持续提供动能。

6.4 案例分析结果的相关讨论

互联网普及具有降低自然性市场分割、拓展和优化流通网络的积极作用，随着中国互联网普及率的不断提升，很多地区的产业不得不面临外部需求形式的持续在线化迁移。也就是说，外部需求的在线化迁移主要是大环境的结果，属于各地区面临的共性范畴。那么，在外部大环境已然具备的前提下，互联网赋能增收效应的触发与强化的关键在于内部供给方式的适应性调整和创造性调整。对于一个地区而言，要想实现内部供给方式的适应性调整和创造性调整需要同时依赖内外两个方面的因素，其中，外部因素主要是指平台企业开展包容性创新，为农村居民提供更具适宜性和更低准入门槛的互联网平台和服务，内部因素则包括农村居民双元创业学习、内群体环境、农村居民节俭式创新、本地禀赋条件、有为政府等。在内部因素中，本书认为，占据核心地位的因素在于农村居民的节俭式创新，而双元创业学习、内群体环境、本地禀赋条件和有为政府这些因素构成农村居民开展节俭式创新的驱动因素，其中双元创业学习是农村居民个体的内因驱动力，内群体环境、本地禀赋条件和有为政府属于农村居民个体的外因驱动力。所有这些因素构成一种内外协同创新机制，如图 6-4 所示。

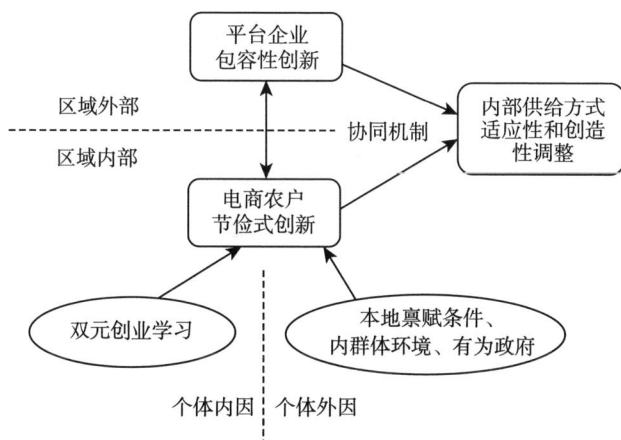

图 6-4　平台企业与电商农户的协同创新机制

　　随着互联网在农村地区的渗透，创新将成为农村经济高质量发展、农村居民增收的关键驱动力。但是，内部供给方式的适应性和创造性调整仅依靠一方的创新是不够的。沭阳个案实践启示，平台企业的包容性创新与电商农户的节俭式创新理应协同开展，并保持动态持续演化。更进一步地说，平台企业与电商农户之间的协同创新机制体现的是互联网时代平台企业与网商之间的相互依存的生态关系，这种关系应该保持一种动态平衡。一旦失衡的话，双方将一损俱损，而避免这种失衡局面的发生，关键在于提供一个自由平等竞争的市场环境。有学者曾经表示过担忧，认为具有垄断地位的电商平台企业将逐渐掌握制定游戏规则的主动权，围绕着宝贝展示、排序、机会等广告规则的形成，将迫使农村居民网店面临较高的经营成本（邵占鹏，2017）。但本书认为不必过于担心这种现象。一方面，即便占据垄断优势的电商平台企业可以利用制定规则的权力进行谋利，他们也不得不寻找一个平衡点，使平台企业与卖家群体之间能良性互促，实现可持续发展，使长期利益得到保障（曾亿武和郭红东，2018）；另一方面，当某个平台的包容性创新属性逐渐减弱，阻碍了农村居民的节俭式创新时，将会有更具包容性创新的新平台产生，与之形成竞争，迫使原有平台做出调整。从淘宝、京东，到微店、拼多多、快手、抖音、淘宝直播等，平台多元化演变表明平台企业的包容性创新总是会持续进行下去。因此，在这样的背景下，一个地区能否实现互联网赋能增收，关键取决于区域内部的节俭式创新。节俭式创新的本质就是激活草根的内生力量。具体来讲，节俭式创新的实施主体主要还是农村居民，创新选择由农村居民决定，创新过程由农村居民控制，创新收益由农村居民主要获取。这样的节俭式创新具有内生发展性，沭阳个案的普遍性便体现了这一点。在个别地方，节俭式创新的推动主体是政府引进的服务商，他们弥补了当地农村居民创新无力、创新缓慢的困境，但这种情况属于少数案例。

沭阳个案还揭示了一个地区要想实现显著的互联网赋能增收效应需要农村居民个体、农村居民群体（社会网络、集群网络、共享精神等）、政府、区域（禀赋条件）四个维度构成"组合拳"，协同发力，缺一不可。在互联网不断普及、平台企业持续开展包容性创新的共同背景下，很多地方还未能像沭阳一样实现如此显著的互联网赋能增收效应，主要原因便在于这套"组合拳"没有形成。相比较而言，东部地区的不少乡村具备了这套"组合拳"，因而在获取互联网红利上处于领先地位，而中西部多数乡村地区尚未具备，但改变这种境况是一个渐进的过程，所谓的利用互联网实现"弯道超车"和跨越式发展，只适用于少数地区，多数地区还需要打基础、补劣势、"修内功"。互联网只是工具，线上与线下终究是要合二为一、融合发展的。过去决定现在，现在决定未来，这才是更具普遍性的规律。尚未具备条件的地区，既要高瞻远瞩，看到互联网赋能的巨大潜力和前景方向，又要扎实推进各项工作，做到不保守封闭，也不急于求成。

6.5 本章小结

前文通过计量方法识别出互联网发展与农村居民经营性收入之间的因果关系和传导机制，为宏观政策制定提供了经验证据和方向指引，本章深入到区域实践层面，探索利用互联网实现农村居民创业显著增收的成功地区是如何触发并持续强化互联网赋能增收效应的。遵循真实性、代表性和可行性的原则，本书选择江苏省沭阳县花木产业区作为案例研究样本。花木产业是沭阳的优势品牌产业和特色农业产业，近二十年来，沭阳花木产业突飞猛进，不仅发展速度快，而且发展质量高，这得益于互联网的赋能。沭阳花木产业的"互联网＋"发展过程可划分为萌芽期、触发期和强化期三个阶段。在互联网赋能下，沭阳花木农户的经济和生活发生了快速而显著的积极变化。沭阳个案表明，互联网发展促进农村居民经营性收入增长效应的触发主要是宏观层面的互联网普及、微观层面的互联网使用以及本地禀赋条件有机结合的结果。互联网普及通过发挥降低自然性市场分割、拓展和优化流通网络的作用，重塑了外部需求形式，形成线上市场需求；与此同时，互联网普及激发了平台企业的包容性创新，形成了能够有效下沉到农村地区的互联网平台，为农村生产者与外部消费者实现线上对接提供了通道。互联网普及还为农村居民的节俭式创新提供了土壤，这些节俭式创新体现为农村居民在互联网使用过程之中，通过探索式创业学习以及基于内群体交往的知识溢出，有效地利用了本地的禀赋条件，创造出新的内部供给方式，形成线上市场供给。由于外部需求形式与内部供给方式实现了同步变化和互补性匹配，因此该地区成功地触发了互联网赋能增收效应。沭阳个案还表明，互联网赋能增收效应的强化本质上是内部供给方式能够顺应外部需求形式的持续性在线化迁移而进行相应的创造性调整，实现内外供需的累积性匹配。而有效实现内部供给方式的创造性调整，需要多方面同时发力：一是建立起知识溢出和知识转移互促互补的知识流动格局，便于农村居民开展更加深入的双元创业学习，持续推进节俭式创新；二是互联网平台企业持续开展包容性创新，不断开发更具适宜性和包容性的新业态、新模式、新平台；三是顺应互联网普及的发展趋势，当地政府形成互联网思维，及时提供所需的公共产品和公共服务，与"分工-市场"双向反馈循环作用形成互补，共同强化产业集聚效应，巩固和提升本地禀赋条件；四是互联网普及促进劳动力、人才和技术等要素下沉到本地，增强本地的互联网使用能力。

7 总结与展望

7.1 主要结论

　　本书基于乡村振兴战略和数字乡村建设的大背景，关注农村居民经营性收入问题，专项考察互联网赋能的作用，在文献综述的基础上，建立研究框架，阐释作用机理，结合统计数据、问卷数据和访谈资料，利用计量分析和案例研究方法探讨了以下三个问题：互联网发展对农村居民经营性收入产生怎样的影响效应？互联网发展影响农村居民经营性收入的作用机制是什么？利用互联网实现农村居民创业显著增收的成功地区是如何触发并持续强化互联网赋能增收效应的？对这些问题的研究形成本书的主要结论：

　　第一，互联网普及显著促进农村居民经营性收入增长，同时扩大了农村居民经营性收入的区域差距和群体内部差距，互联网普及对农村居民经营性收入的促进作用大于对工资性收入的促进作用。降低市场分割、提升技术创新是互联网普及影响农村居民经营性收入的重要机制。与互联网普及影响农村居民经营性收入的区域差异效应相对应的是，东部地区在互联网普及促进降低市场分割和提升技术创新上率先取得显著成效，而中西部地区仍需为互联网普及红利的释放积极创造条件。

　　第二，互联网使用能够显著促进农村居民经营性收入增长，互联网的赋能增收作用主要来源于工具性使用，而情感性使用的赋能增收作用不大，在各种互联网使用行为组合中，"高工具性-低情感性"互联网使用的经营性收入增长效应最大，对于部分农村居民而言，适当调整互联网使用行为组合，增加工具性使用时间，减少情感性使用时间，将会更加充分发挥互联网的作用，产生更好的赋能增收效果。互联网使用总体上扩大了农村居民内部收入差异程度。互联网使用通过促进信息获取、提升人力资本和丰富社会资本三个路径使农村居民经营性收入得到增长。

第三，互联网赋能农村居民经营性收入增长效应的触发主要是宏观层面的互联网普及、微观层面的互联网使用以及本地禀赋条件有机结合的结果。互联网普及通过发挥降低自然性市场分割、拓展和优化流通网络的作用，引致外部需求形式发生在线化迁移；与此同时，互联网普及激发了平台企业的包容性创新，形成了能够有效下沉到农村地区的互联网平台，为农村生产者与外部消费者实现线上对接提供了通道。互联网普及还促进了农村居民的节俭式创新，农村居民通过探索式创业学习以及基于内群体交往的知识溢出，有效地利用了本地的禀赋条件，完成内部供给方式的适应性调整。由于外部需求形式与内部供给方式实现了同步变迁和互补性匹配，因此成功地触发了互联网赋能增收效应。

第四，互联网赋能增收效应的强化本质上是内部供给方式能够顺应外部需求形式的持续在线化迁移而进行相应的创造性调整，实现内外供需的累积性匹配。而有效实现内部供给方式的创造性调整，需要多方面同时发力：一是建立起知识溢出和知识转移互促互补的知识流动格局，便于农村居民开展更加深入的双元创业学习，持续推进节俭式创新；二是互联网平台企业持续开展包容性创新，不断开发更具适宜性和包容性的新业态、新模式、新平台；三是顺应互联网普及的发展趋势，当地政府形成互联网思维，及时提供所需的公共产品和公共服务，与"分工-市场"双向反馈循环作用形成互补，共同强化产业集聚效应，巩固和提升本地禀赋条件；四是互联网普及促进劳动力、人才和技术等要素下沉到本地，增强本地的互联网使用能力。

7.2 政策含义

第一，加快壮大农村网民规模，提高农村居民信息素养。理论与实证表明，互联网普及和互联网使用对中国农村居民经营性收入增长具有积极的促进效应。未来中国还要继续提高互联网普及率，尤其是要加快完善农村地区的网络基础设施建设，尽快缩小城乡之间的网络硬件差距。一是要继续实施"村村通"工程，全面实施信息进村入户工程，加快实现农村地区宽带全覆盖；二是要注重提速降费，进一步提高三网融合业务能力，提高宽带网络接入速率，继续推进光纤到村建设，探索建立与农村居民收入水平相匹配的资费体系,对低收入群体给予资费补贴或全免;三是要加强互联网使用知识宣传,开展互联网使用技能培训,提高农村居民的信息素养,使更多农村居民对互联网的使用不再只是简单的社交和娱乐,而是学会更好地使用互联网进行学习、工作、营销、采购等活动。

第二,加大对中西部地区和农村低收入群体的政策倾斜力度。研究发现,目前互联网发展对东部地区和农村中高收入群体更为有利,互联网发展现阶段发挥了扩大区域差距和农村居民内部收入差距的作用。为了促进区域均衡发展,政府必须加大对中西部地区的政策倾斜力度,一方面要加大中西部地区网络基础设施建设力度,使其在互联网普及率上尽快赶上东部地区,另一方面要加大中西部地区互联网人才引进力度以及积极鼓励外出年轻人返乡从事互联网创业。为了缩小农村居民内部数字鸿沟,政府必须加大对农村低收入群体的政策倾斜力度,实施高水平、多层次、全覆盖的网络扶贫、电商扶贫等工程项目,加大对贫困户的补贴力度,建立服务到户的信息帮扶工作体系,健全政府购买服务实施机制,鼓励各地搭建互联网精准扶贫平台,推动各类互联网平台服务下乡。

第三,促进平台企业包容性创新和农村网商节俭式创新协同发展。沭阳个案给我们带来深刻启示,在互联网时代,创新必然是农村经济高质量发展、农民增收的关键驱动力。而推动农村地区的互联网创新,需要平台企业开展包容性创新,为农户提供更具适宜性和更低准入门槛的互联网平台和服务,并与农村网商的节俭式创新协同演化。为了推动平台企业持续开展包容性创新,政府需要为互联网企业创造良好的竞争环境和营商环境,同时激发互联网企业的社会责任和公益精神。为了激发农村网商的节俭式创新,政府可以通过举办农村互联网创业创新大赛、组织互联网人才下乡开展服务、积极传播农村互联网创业创新典型故事、评选全国以及省市级别的农村互联网创业创新年度人物等途径营造农村互联网创业创新氛围,鼓励农村网商成立行业协会等民间组织,加强创新经验交流。

第四,积极打造具有互联网思维的现代服务型政府。互联网能够赋能政府,推动政府职能转变。为适应互联网时代的新发展,政府要积极向现代服务型政府转变,努力改善和提升自身的服务理念、服务能力、服务方式。一是要进一步减少政府干预,切实让市场机制起决定性作用,加快推进市场一体化建设，促进线上和线下融合发展。二是要积极支持互联网发展，持续制定互联网行动计划，安排互联网发展专项资金和配套资金，推进政府互联网人才队伍建设。三是要大力推进互联网与政务服务深度融合，建成覆盖全国的整体联动、部门协同、省级统筹、一网办理的"互联网＋政务服务"体系，积极推动"一次都不用跑"改革创新，大幅提升政务服务智慧化、人性化。

7.3 研究不足与展望

限于数据可得性以及个人时间和能力所限，本书还存在一些研究不足，有待今后进一步完善。本书对互联网发展的观察采取互联网普及（宏观层面）与互联网使用（微观层面）的双重视角，并分别对互联网普及和互联网使用影响农村居民经营性收入的作用机制进行了比较深入的阐释，这有助于深刻理解互联网普及和互联网使用的效应机理，但是作用机制的实证检验部分却无法像定性分析那样做到全面而自如。例如，在理论分析时，本书借鉴已有文献的观点将市场分割划分为自然性市场分割、技术性市场分割和制度性市场分割，并分别阐释了互联网普及不仅具有促进降低自然性市场分割和技术性市场分割的直接作用，还能间接促进消除地方保护、优化制度设计，进而减少制度性市场分割。但是，由于数据所限，机制检验时，本书只检验互联网普及对市场分割指数的影响效应，难以检验互联网普及分别对三种具体类型的市场分割的影响效应。再如，在理论分析时，本书借鉴已有学者的观点，即互联网具有赋权的作用，通过赋权的路径促进农村居民综合能力的内生发展，在此基础上，将互联网的赋权作用分为结构赋权、资源赋权和心理赋权，接着分别从这三个维度出发阐释互联网使用对健康型人力资本和智力型人力资本的影响机理。但是，由于数据所限，机制检验时，本书只检验互联网使用对健康型人力资本和智力型人力资本的影响效应，而无法检验互联网使用的赋权路径。这些方面的改进还有待于今后针对每个理论机制变量分别开展深入的专项研究，克服数据和测度上的困难。

在第五章的案例研究部分，本书主要汇报了经个体深度访谈、参与式观察、获取部门报告、检索文献和权威媒体报道等途径所收集到的资料的编码结果并进行简要的阐释，总体上呈现"粗线条"的状态，缺乏研究深度。这与本书的案例分析目的有很大关系。本书试图以沭阳花木产业区的故事为例，探索利用互联网实现农村居民创业显著增收的成功地区是如何触发并持续强化互联网赋能增收效应的。这个研究问题在本质上决定了所开展的案例分析属于综合性研究，会涉及很多的变量和因素，本书一方面按照条目化、概念化、范畴化、发展主范畴、生成故事线的编码程序逐步形成对触发机制和强化机制的归纳，另一方面尝试对每个范畴给予一定篇幅的阐释，而不是针对每个范畴做深入研究。虽然本书没有大篇幅对每个范畴做深入阐述，但关键信息均有呈现，已经可以达到揭示互联网赋能增收效应触发机制和强化机制的案例分析目的了。当然，未来研究可以针对其中的某些范畴开展更加深入的专项研究，例如，可针对农村居民的节俭式创新进行深入研究，揭示农村居民节俭式创新的过程机制，包括创业学习如何导向创新、创新机会如何识别、创新资源如何拼凑等；再如，可针对农村居民的数据产品使用进行深入研究，揭示数据产品使用驱动农村网商成长和产业升级的实现机理。

农村居民是一个庞大的群体，并且随着农村经济社会的快速发展和城镇化进程的不断推进，农村居民内部呈现明显的分化状态以及复杂的构成形态。本书将农村居民看成一个整体，而没有针对农村居民的群体内部结构开展研究。未来研究可考虑进一步区分不同分化类型的农村居民，针对某种具体类型的农村居民开展研究，例如研究互联网发展对家庭农场经营者的影响，抑或研究互联网发展对合作社发展的影响，也可同时对多种类型的农村居民开展比较研究。这些议题现有文献均涉及不多，有待学者后续补充。此外，除了经营性收入，工资性收入也是农村居民收入的关键组成部分，今后可对互联网发展影响农村居民工资性收入开展专门研究。

参 考 文 献

曹景林，姜甜，2020. 互联网使用对女性收入的影响：基于 CFPS 数据的经验证据 [J].
　　现代财经，40（12）：79-95.

曹永辉，2013. 社会资本理论及其发展脉络 [J]. 中国流通经济，27（6）：62-67.

陈娟，杜兴端，2014. 我国农业科技进步水平与农民家庭经营性收入的实证研究 [J].
　　学习与实践（6）：49-54.

陈莉，左停，李凤阳，2014. 个体农民创新的发生机制：基于宁夏盐池的案例研究 [J].
　　北京农学院学报，29（2）：83-85.

陈亮，李莹，2020. 互联网使用对居民健康的影响路径研究 [J]. 财经问题研究（7）：
　　86-93.

陈永富，方湖柳，曾亿武，等，2018. 电子商务促进农业产业集群升级的机理分析：以
　　江苏省沭阳县花木产业集群为例 [J]. 浙江社会科学（10）：65-70.

程名望，史清华，潘烜，2013. 农村剩余劳动力转移的一个动态搜寻模型与实证分析
　　[J]. 管理评论，25（1）：3-8.

程名望，张家平，2019. 互联网普及与城乡收入差距：理论与实证 [J]. 中国农村经济
　　（2）：19-41.

程名望，张家平，2019. 新时代背景下互联网发展与城乡居民消费差距 [J]. 数量经济
　　技术经济研究，36（7）：22-41.

程艳，袁益，2017. 内生交易费用与商品市场分割：兼论互联网企业的创新行为 [J].
　　中共浙江省委党校学报，33（4）：98-106.

仇童伟，2017. 农地产权、要素配置与家庭农业收入 [J]. 华南农业大学学报（社会科
　　学版），16（4）：11-24.

崔丽丽，王骊静，王井泉，2014. 社会创新因素促进“淘宝村”电子商务发展的实证分
　　析：以浙江丽水为例 [J]. 中国农村经济（12）：50-60.

崔兆财，周向红，2020. 互联网普及对地区就业的异质影响研究 [J]. 软科学，34（1）：
　　7-12.

代明，殷仪金，戴谢尔，2012. 创新理论：1912—2012：纪念熊彼特《经济发展理论》

首版 100 周年 [J]. 经济学动态 (4)：143-150.

戴德宝，范体军，刘小涛，2016. 互联网技术发展与当前中国经济发展互动效能分析 [J]. 中国软科学 (8)：184-192.

丁栋虹，袁维汉，2019. 互联网使用与女性创业概率：基于微观数据的实证研究 [J]. 技术经济，38 (5)：68-78.

丁高洁，郭红东，2013. 社会资本对农民创业绩效的影响研究 [J]. 华南农业大学学报（社会科学版），12 (2)：50-57.

杜育红，2020. 人力资本理论：演变过程与未来发展 [J]. 北京大学教育评论，18 (1)：90-100.

范欣，宋冬林，赵新宇，2017. 基础设施建设打破了国内市场分割吗？ [J]. 经济研究，52 (2)：20-34.

甘宇，邱黎源，胡小平，2019. 返乡农民工人力资本积累与创业收入的实证分析：来自三峡库区的证据 [J]. 西南民族大学学报（人文社会科学版），40 (3)：107-113.

关利欣，宋思源，孙继勇，2015. "互联网＋"对内外贸市场一体化的影响与对策 [J]. 中国经贸 (12)：20-25.

桂黄宝，张君，张媛媛，2015. 包容性创新研究进展探析及未来展望 [J]. 中国科技论坛 (9)：5-9.

郭铖，何安华，2017. 社会资本、创业环境与农民涉农创业绩效 [J]. 上海财经大学学报（哲学社会科学版），19 (2)：79-88.

郭铖，何安华，2019. 培训对农民涉农创业绩效的影响：考虑创业者人力资本禀赋调节效应的实证研究 [J]. 农业经济与管理 (1)：84-91.

郭红东，丁高洁，2012. 社会资本、先验知识与农民创业机会识别 [J]. 华南农业大学学报（社会科学版），11 (3)：78-85.

郭红东，周惠珺，2013. 先前经验、创业警觉与农民创业机会识别：一个中介效应模型及其启示 [J]. 浙江大学学报（人文社会科学版），43 (4)：17-27.

郭家堂，骆品亮，2016. 互联网对中国全要素生产率有促进作用吗？ [J]. 管理世界 (10)：34-49.

郭小弦，芦强，王建，2020. 互联网使用与青年群体的幸福感：基于社会网络的中介效应分析 [J]. 中国青年研究 (6)：4-12.

韩宝国，朱平芳，2014. 宽带对中国经济增长影响的实证分析 [J]. 统计研究 (10)：49-54.

韩长根，张力，2017. 互联网普及对于城乡收入分配的影响：基于我国省际面板数据的系统 GMM 分析 [J]. 经济问题探索（8）：18 - 27.

韩长根，张力，2019. 互联网提高了我国居民收入流动性吗：基于 CFPS 2010—2016 数据的实证研究 [J]. 云南财经大学学报，35（1）：86 - 99.

韩先锋，刘娟，李勃昕，2020. "互联网＋"驱动区域创新效率的异质动态效应研究 [J]. 管理学报，17（5）：715 - 724.

郝君超，王海燕，2013. 包容性创新的实践与启示 [N]. 科技日报，06 - 17.

何学松，孔荣，2019. 互联网使用、市场意识与农民收入：来自陕西 908 户农户调查的经验证据 [J]. 干旱区资源与环境，33（4）：55 - 60.

贺娅萍，徐康宁，2019. 互联网对城乡收入差距的影响：基于中国事实的检验 [J]. 经济经纬，36（2）：25 - 32.

洪勇，王万山，2019. 技术创新、市场分割与收入不平等：基于中国省级面板数据的分析 [J]. 商业经济与管理（9）：57 - 67.

侯汉坡，刘春成，孙梦水，2013. 城市系统理论：基于复杂适应系统的认识 [J]. 管理世界（5）：182 - 183.

胡浩然，张盼盼，张瑞恩，2020. 互联网普及与中国省内工资差距收敛 [J]. 经济评论（1）：96 - 111.

胡伦，陆迁，2019. 贫困地区农户互联网信息技术使用的增收效应 [J]. 改革（2）：74 - 86.

华昱，2018. 互联网使用的收入增长效应：理论机理与实证检验 [J]. 江海学刊（3）：219 - 224.

黄美娇，李中斌，2019. 互联网嵌入对返乡创业者创业能力的影响：网络学习的中介作用 [J]. 数学的实践与认识，49（18）：15 - 24.

黄群慧，余泳，张松林，2019. 互联网发展与制造业生产率提升：内在机制与中国经验 [J]. 中国工业经济（8）：5 - 23.

黄荣贵，骆天珏，桂勇，2013. 互联网对社会资本的影响：一项基于上网活动的实证研究 [J]. 江海学刊（1）：227 - 233.

惠宁，刘鑫鑫，2020. 互联网发展对中国区域创新能力的影响效应 [J]. 社会科学研究（6）：30 - 37.

惠宁，刘鑫鑫，马微，2020. 互联网发展与我国区域创新能力的提升：基于互联网资源量与普及度双重视角的分析 [J]. 陕西师范大学学报（哲学社会科学版），49（6）：68 -87.

惠宁，周晓唯，2016. 互联网驱动产业结构高级化效应分析 [J]. 统计与信息论坛，31

（10）：54 - 60.

霍丽，宁楠，2021. 互联网对区域创新效率的影响研究：一个文献综述［J］. 西北大学
学报（哲学社会科学版），51（1）：117 - 123.

纪宝成，2007. 中国统一市场新论［M］. 北京：中国人民大学出版社.

蒋剑勇，钱文荣，郭红东，2014. 社会网络、先前经验与农民创业决策［J］. 农业技术
经济（2）：17 - 25.

蒋琪，王标悦，张辉，等，2018. 互联网使用对中国居民个人收入的影响：基于 CFPS
面板数据的经验研究［J］. 劳动经济研究，6（5）：121 - 143.

靳永爱，赵梦晗，2019. 互联网使用与中国老年人的积极老龄化：基于 2016 年中国老年
社会追踪调查数据的分析［J］. 人口学刊，41（6）：44 - 55.

来向武，任玉琛，2020. 中国互联网使用对社会资本影响的元分析［J］. 新闻与传播研
究，27（6）：21 - 38.

雷根强，蔡翔，2012. 初次分配扭曲、财政支出城市偏向与城乡收入差距：来自中国省
级面板数据的经验证据［J］. 数量经济技术经济研究，29（3）：76 - 89.

李飚，2019. 互联网使用、技能异质性与劳动收入［J］. 北京工商大学学报（社会科学
版）（5）：104 - 113.

李海舰，田跃新，李文杰，2014. 互联网思维与传统企业再造［J］. 中国工业经济
（10）：135 - 146.

李红玲，何馨，张晓晓，2020. 中国淘宝村发展中的政府行为研究：包容性创新理论和
政策文本分析视角［J］. 科研管理，41（4）：75 - 84.

李红玲，张晓晓，2018. 中西部地区淘宝村发展的关键路径研究［J］. 科学学研究，36
（12）：2250 - 2258.

李杰伟，吴思栩，2020. 互联网、人口规模与中国经济增长：来自城市的视角［J］. 当
代财经（1）：3 - 16.

李俊，2018. 人力资本与农民工城市创业绩效［J］. 华南农业大学学报（社会科学版），
17（6）：42 - 51.

李立威，景峰，2013. 互联网扩散与经济增长的关系研究：基于我国 31 个省份面板数据
的实证检验［J］. 北京工商大学学报（社会科学版），28（3）：120 - 126.

李丽莉，俞剑，张忠根，2021. 中国农村人力资本投资：政策回顾与展望：基于中央
"一号文件"的内容分析［J］. 浙江大学学报（人文社会科学版）（1）：36 - 50.

李琪，唐跃桓，任小静，2019. 电子商务发展、空间溢出与农民收入增长［J］. 农业技
术经济（4）：119 - 131.

李秦，李明志，罗金峰，2014. 互联网贸易与市场一体化：基于淘宝网数据的实证研究
[J]. 中国经济问题（6）：40-53.

李容容，罗小锋，2017. 职业发展能力如何影响种植大户的农业收入水平 [J]. 南京农
业大学学报（社会科学版），17（3）：63-73.

李晓楠，李锐，罗邦用，2015. 农业技术培训和非农职业培训对农村居民收入的影响
[J]. 数理统计与管理，34（5）：867-877.

李雅楠，谢倩芸，2017. 互联网使用与工资收入差距：基于CHNS数据的经验分析 [J].
经济理论与经济管理（7）：87-100.

李阳阳，肖容，2014. 互联网能提高工资水平吗？[J]. 科技管理研究，34（5）：166-170.

李志国，2019. 农产品网货品牌培育节俭式创新路径研究 [J]. 科研管理，40（6）：
234-242.

梁辉，2016. 农民工职业搜寻过程及其对职业向上流动的影响：基于搜寻与匹配理论
[J]. 农业技术经济（2）：63-72.

梁磊，赖红波，2016. 新媒体传播对本土新奢侈品品牌培育与顾客购买意向影响研究
[J]. 科研管理，37（6）：84-91.

刘彬彬，陆迁，李晓平，2014. 社会资本与贫困地区农户收入：基于门槛回归模型的检
验 [J]. 农业技术经济（11）：40-51.

刘汉辉，李博文，宋健，2019. 互联网使用是否影响了女性创业？——来自中国家庭追
踪调查（CFPS）的经验证据 [J]. 贵州社会科学（9）：153-161.

刘合光，2018. 乡村振兴战略的关键点、发展路径与风险规避 [J]. 新疆师范大学学报
（哲学社会科学版），39（3）：25-33.

刘佳玲，刘龙青，张国庆，2020. 人力资本对农民创业绩效的影响 [J]. 浙江农业科学，
61（4）：802-808.

刘瑞明，2012. 国有企业、隐性补贴与市场分割：理论与经验证据 [J]. 管理世界（4）：
21-32.

刘生龙，周绍杰，2011. 基础设施的可获得性与中国农村居民收入增长：基于静态和动
态非平衡面板的回归结果 [J]. 中国农村经济（1）：27-36.

刘淑春，2018. 数字政府战略意蕴、技术构架与路径设计：基于浙江改革的实践与探索
[J]. 中国行政管理（9）：37-45.

刘魏，张应良，田红宇，2016. 人力资本投资与农村居民收入增长 [J]. 华南农业大学
学报（社会科学版），15（3）：63-75.

刘晓倩，韩青，2018. 农村居民互联网使用对收入的影响及其机理：基于中国家庭追踪

调查（CFPS）数据［J］. 农业技术经济（9）：123－134.

刘亚军，2018.互联网使能、金字塔底层创业促进内生包容性增长的双案例研究［J］. 管理学报，15（12）：1761－1771.

刘姿均，陈文俊，2017. 中国互联网发展水平与经济增长关系实证研究［J］. 经济地理，37（8）：108－113.

柳卸林，高雨辰，丁雪辰，2017. 寻找创新驱动发展的新理论思维：基于新熊彼特增长理论的思考［J］. 管理世界（12）：8－19.

卢福财，徐远彬，2019.互联网对制造业劳动生产率的影响研究［J］. 产业经济研究（4）：1－11.

鲁钊阳，廖杉杉，2016. 农产品电商发展的增收效应研究［J］. 经济体制改革（5）：86－92.

陆杰华，汪斌，2020. 居民互联网使用对其自评健康影响机制探究：基于2016年中国家庭追踪调查数据［J］. 中山大学学报（社会科学版），60（3）：117－127.

陆文聪，余新平，2013. 中国农业科技进步与农民收入增长［J］. 浙江大学学报（人文社会科学版），43（4）：5－16.

逯进，周惠民，2012. 人力资本理论：回顾、争议与评述［J］. 西北人口，33（5）：46－52.

路慧玲，赵雪雁，侯彩霞，2014. 社会资本对农户收入的影响机理研究：以甘肃省张掖市、甘南藏族自治州与临夏回族自治州为例［J］. 干旱区资源与环境，28（10）：14－19.

路征，张益辉，王坤，等，2015. 我国"农民网商"的微观特征及问题分析：基于对福建省某"淘宝镇"的调查［J］. 情报杂志（12）：139－145.

罗来军，罗雨泽，罗涛，2014. 中国双向城乡一体化验证性研究：基于北京市怀柔区的调查数据［J］. 管理世界（11）：60－69.

罗明忠，陈明，2014. 人格特质、创业学习与农民创业绩效［J］. 中国农村经济（10）：62－75.

罗明忠，陈明，2015. 人格特质对农民创业绩效影响的实证分析：兼议人力资本的调节作用［J］. 华中农业大学学报（社会科学版）（2）：41－48.

罗明忠，黄莎莎，邹佳瑜，2013. 农民创业的代际传承因素实证分析：基于广东部分地区农民创业者的问卷调查［J］. 广东商学院学报，28（5）：11－18.

Aghion P & Howitt P, 1992. A model of growth through creative destruction［J］. Econometrica, 60（2）：323－351.

Aker J C, 2008. Does digital divide or provide? The impact of cell phones on grain markets in Niger [R]. Working Paper No. 154, Center for Global Development, New York.

Ali I & Zhuang J, 2007. Inclusive growth toward a prosperous Asia: policy implications [J]. Economic and Research Department, 97: 1 - 10.

Altenburg T, 2009. Building inclusive innovation systems in developing countries: challenges for IS research [R]. GLOBELICS 6th International Conference.

Anderson J & Markides C, 2007. Strategic innovation at the base of the pyramid [J]. MIT Sloan Management Review, 49 (1): 83 - 88.

Arya A, Ffler C L, Mittendorf B & Pfeiffer T, 2015. The middleman as a panacea for supply chain coordination problems [J]. European Journal of Operational Research, 240 (2): 393 - 400.

Audretsch D B, Heger D & Veith T, 2015. Infrastructure and entrepreneurship [J]. Small Business Economics, 44 (2): 219 - 230.

Authur W B, 2007. The structure of invention [J]. Research Policy, 36 (2): 274 - 287.

Avgerou C & Li B, 2013. Relational and institutional embeddedness of web - enabled entrepreneurial networks: Case studies of netrepreneurs in China [J]. Information Systems Journal, 23 (4): 329 - 350.

Balsa A I & Gandelman N, 2010. The impact of ICT on health promotion: A randomized experiment with diabetic patients [R]. IDB Working Paper No. 76.

Barro R J & Lee J W, 1994. Sources of economic growth [C]. Carnegie - Rochester Conference Series on Public Policy.

Barro R J, 1991. Economic growth in a cross section of countries [J]. Quarterly Journal of Economics, 106: 407 - 443.

Bauer J M, 2018. The Internet and income inequality: Socio - economic challenges in a hyperconnected society [J]. Telecommunications Policy, 42 (4): 333 - 343.

Becker G S, 1962. Investment in human capital: a theoretical analysis [J]. The Journal of Political Economy, 70 (5): 9 - 49.

Benhabib J & Spiegel M M, 1994. The role of human capital in economic development: Evidence from aggregate cross - country data [J]. Journal of Monetary Economics, 34: 143 - 173.

Berscheck I & Niebel T, 2016. Mobile and more productive? Firm - level evidence on the productivity effects of mobile internet use [J]. Telecommunications Policy, 40:

888 - 898.

Bloom N, Schankerman M & van Reenen J, 2013. Identifying technology spillovers and product market rivalry [J]. Econometrica, 81 (4): 1347 - 1393.

Bonfadelli H, 2002. The Internet and knowledge gaps: a theoretical and empirical investigation [J]. European Journal of Communication, 17 (1): 65 - 84.

Bourdieu P, 1986. The forms of capital. In Richardson, J. G. (ed), Handbook of theory and research for the sociology of education [M]. New York: Greewood Press.

Breusch T S & Pagan A R, 1980. The lagrange multiplier test and its applications to model specification in econometrics [J]. Review of Economic Studies, 47: 239 - 253.

Britz J J, 2004. To know or not to know: a moral reflection on information poverty [J]. Journal of Information Science, 30 (3): 192 - 204.

Brown L G, 2007. The importance of field - researched, decision - focused cases [C]. Academy of Management Annual Conference, Philadelphia, USA.

Burga R & Barreto M E G, 2014. The effect of Internet and cell phones on employment and agricultural production in rural villages in Peru [D]. Lima: Universidad de Piura.

Burt R S, 1992. Structural holes: The social structure of competition [M]. Boston, MA: Harvard Universtiy Press.

Cai Y, Wang D, Xia C & Wang C, 2018. Study on the governance mechanism of rural e - commerce service centers in rural China: agency problems and solutions [J]. International Food and Agribusiness Management Review, 22 (10): 381 - 396.

Cardona M, Kretschmer T & Strobel T, 2013. ICT and productivity: conclusions from the empirical literature [J]. Information Economics and Policy, 25 (3): 109 - 125.

Ceccobelli M, Gitto S & Mancuso P, 2012. ICT capital and labour productivity growth: a non - parametric analysis of 14 OECD countries [J]. Telecommunications Policy, 36 (4): 282 - 292.

Chang H & Just D R, 2009. Internet access and farm household income: empirical evidence using a semi - parametric assessment in Taiwan [J]. Journal of Agricultural Economics, 60 (2): 348 - 366.

Chatman E A, 1996. The improverished life world of outsiders [J]. Journal of the American Society for Information Science, 47 (3): 193 - 206.

Childers T, 1975. The information - poor in America [M]. Lanham, MD: Scarecrow Press.

Cho K M & Tobias D J, 2010. Impact assessment of direct marketing of small - and mid - sized producers through food industry electronic infrastructure MarketMaker [C]. International Conference on World Food System.

Choi C & Yi M H, 2018. The Internet, R&D expenditure and economic growth [J]. Applied Economics Letters, 25 (4): 264 - 267.

Coleman J S, 1988. Social capital in the creation of human capital [J]. American Journal of Sociology (94): 95 - 120.

Coleman J S, 1990. Foundations of social theory [M]. Cambridge: Belknap Press of Harvard University Press.

Cumming D & Johan S, 2010. The differential impact of the internet on spurring regional entrepreneurship [J]. Entrepreneurship Theory and Practice, 34 (5): 857 - 883.

Czernich N, Falck O, Kretschmer T, et al, 2011. Broadband infrastructure and economic growth [J]. Social Science Electronic Publishing, 121: 505 - 532.

Dabic M, Cvijanovic V & Loureiro M G, 2011. Keynesian, post - Keynesian versus Schumpeterian, neo - Schumpeterian: an integrated approach to the innovation theory [J]. Management Decision, 49 (2): 195 - 207.

Denison E F, 1962. The sources of economic growth in the United States and the alternatives before us [J]. Committee for Economic Development (13): 545 - 552.

Dennis T Y & Zhu X, 2013. Modernization of agriculture and long - term growth [J]. Journal of Monetary Economics, 60: 367 - 382.

Diamond P, 1984. A search - equilibrium approach to the micro foundations of macroeconomics [M]. Cambridge, Mass: MIT Press.

Dimaggio P & Bonikowski B, 2008. Make money surfing the web? The impact of internet use on the earnings of U S workers [J]. American Sociological Review, 73 (2): 227 - 250.

Dobson J, Duncombe R & Nicholson B, 2010. Utilising the Internet to improve peasant artisan incomes: evidence from Mexico [R]. International Federation for Information Processing.

Dyck B & Silvestre B S, 2019. A novel NGO approach to facilitate the adoption of sustainable innovations in low - income countries: Lessons from small - scale farms in Nicaragua [J]. Organization Studies, 40 (3): 443 - 461.

Eisenhardt K M, 1989. Building theories from case study research [J]. Academy of Management Review, 14 (4): 532 - 550.

Evenson R E, 1989. Spillover benefits of agricultural research: evidence from U S experience [J]. American Journal of Agricultural Economic, 71 (2): 447 - 452.

Fabritz N, 2013. The impact of broadband on economic activity in rural areas: Evidence from German municipalities [R]. Ifo Working Paper.

Fafchamps M & Hill R, 2008. Price transmission and trade entry in domestic commodity markets [J]. Economic Development and Cultural Change, 56 (4): 729 - 766.

Fagerberg J & Verspagen B, 2008. Innovation studies: The - merging structure of a new scientific field [J]. Research Policy 38 (2): 218 - 233.

Foster C & Heeks R, 2013. Conceptualizing inclusive innovation: modifying systems of innovation frameworks to understand diffusion of new technology to low - income consumers [J]. European Journal of Development Research, 25 (3): 333 - 355.

Freeman C, 1991. Networks of innovators: a synthesis of research issues [J]. Research Policy, 20 (5): 499 - 514.

Fukuyama F, 1995. Social capital and the global economy [J]. Foreign Affairs (5): 89 - 103.

George G, Mcgahan A M & Prabhu J, 2012. Innovation for inclusive growth: towards a theoretical framework and a research agenda [J]. Journal of Management Studies, 49 (4): 1 - 23.

Gnangnon S K & Lyer H, 2018. Does bridging the internet access divide contribute to enhancing countries' integration into the global trade in services markets? [J]. Telecommunications Policy, 42 (1): 61 - 77.

Granovetter M S, 1983. The strength of weak ties: A network theory revisited [J]. Sociological Theory, 1: 201 - 233.

Granovetter M S, 1985. Economic action and social structure: The problem of embeddedness [J]. American Journal of Sociology, 91 (3): 481 - 510.

Haider J & Bawden D, 2007. Conceptions of 'information poverty' in LIS: a discourse analysis [J]. Journal of Documentation, 63 (4): 534 - 557.

Haini H, 2019. Internet penetration, human capital and economic growth in the ASEAN economies: evidence from a translog production function [J]. Applied Economics Letters, 26 (21): 1774 - 1778.

Hampton K M & Wellman B, 2003. Neighboring in the Netville: How the Internet supports community and social capital in a wired suburb? [J]. City & Community, 2 (4): 277 – 311.

Hanifan L J, 1916. The rural school community centre [J]. Annals of the American academy of political and Social Science, 67: 130 – 138.

Harb G, 2017. The economic impact of the Internet penetration rate and telecom investments in Arab and Middle Eastern countries [J]. Economic Analysis and Policy, 56: 148 – 162.

Hausman J A, 1978. Specification tests in econometrics [J]. Econometrica, 46: 1251 – 1271.

Hays D & Godlsmith T H, 1969. Microspectrophotometry of the visual pigment of the spider crab libinia emarginata [J]. Zeitschrift für vergleichende Physiologie, 65 (2): 218 – 232.

Heckman J J & Carneiro P, 2003. Human capital policy [J]. NBER Working Papers Series, 53 (3): 556 – 581.

Heckman J J, Ichimura H & Todd P E, 1997. Matching as an econometric evaluation estimator: Evidence from evaluating a job training program [J]. Review of Economic Studies, 64 (4): 605 – 654.

Jacobs J, 1961. The death and life of great American cities [M]. New York: Random House.

Jensen R, 2010. Information, efficiency, and welfare in agricultural markets [J]. Agricultural Economics, 41 (S1): 203 – 216.

Jiang Y, Shi X, Zhang S & Ji J, 2011. The threshold effect of high – level human capital investment on China's urban – rural income gap [J]. China Agricultural Economic Review, 3 (3): 297 – 320.

Kaila H & Tarp F, 2019. Can the Internet improve agricultural production? Evidence from Viet Nam [J]. Agricultural Economics, 50: 675 – 691.

Khanal A R & Mishra A K, 2016. Financial performance of small farm business households: the role of internet [J]. China Agricultural Economic Review, 8 (4): 553 – 571.

Kibriya S, Bessler D & Price E, 2019. Linkages between poverty and income inequality of urban – rural sector: a time series analysis of India's urban – based aspirations from 1951 to 1994 [J]. Applied Economics Letters, 26 (6): 446 – 453.

Kim Y & Orazem P F, 2017. Broadband internet and new firm location decisions in rural areas [J]. American Journal of Agricultural Economics, 99 (1): 1 - 18.

Krueger A B, 1993. How computers have changed the wage structure: evidence from microdata, 1984 - 1989 [J]. The Quarterly Journal of Economics, 108 (1): 33 - 60.

Leong C, Pan S, Newell S & Cui L, 2016. The emergence of self - organizing e - commerce ecosystems in remote villages of China: a tale of digital empowerment for rural development [J]. MIS Quarterly, 40 (2): 475 - 484.

Lewis W A, 1954. Economic development with unlimited supply of labor [J]. The Manchester School of Economic and Social Studies, 22: 139 - 191.

Li L, Zeng Y, Zhang Z & Fu C, 2020. The impact of Internet use on health outcomes of rural adults: Evidence from China [J]. International Journal of Environmental Research and Public Health (18): 1 - 14.

Li L, Zhang Z & Fu C, 2020. The subjective well - being effect of public goods provided by village collectives: Evidence from China [J]. PLOS ONE (3): 1 - 16.

Li X, Guo H, Jin S, et al. , 2021. Do farmers gain internet dividends from E - commerce adoption? Evidence from China [J]. Food Policy, 101 (3): 102024.

Lin N, 2003. Social capital: a theory of social structure and action [M]. Cambridge University Press.

Liu H T & He Q Y, 2019. The effect of basic public service on urban - rural income inequality: a sys - GMM approach [J]. Economic Research (Ekonomska Istrazvanja) 32 (1): 3205 - 3223.

Liu Y, 2017. Internet and income inequality: a research note [J]. Economic Bulletin, 37 (4): 2846 - 2853.

Lucas R E, 1988. On the mechanics of economic development [J]. Journal of Monetary Economics, 22 (1): 3 - 42.

Lundvall B A & Johnson B, 2017. The learning economy and the economics of hope [C]. Globelics Annual Conference.

Lundvall B A, Joseph K J & Chaminade C, et al. , 2009. Handbook of innovation systems and developing countries: building domestic capabilities in a global setting [M]. Cheltenham and Northampton: Edward Elgar.

Lyu S J & Sun J, 2020. Internet use and self - related health among Chinese older adults: the mediating role of social capital [J]. Geriatrics & Gerontology International, 21

（1）：34－38.

Mano R S, 2014. Social media and online health aervices: a health empowerment perspective to online health information [J]. Computers in Human Behavior, 39: 404－412.

Marshall A, 1890. Principles of economics [M]. London: Macmillan Press.

McCall J, 1970. Economics of information and job search [J]. The Quarterly Journal of Economics, 84 (1): 113－126.

McKenna K Y A & Bargh J A, 2000. Plan 9 from Cyberspace: The implications of the Internet for personality and social psychology [J]. Personality and Social Psychology Review, 4 (1): 57－75.

McKenna K Y A, Green A S & Gleason M W J, 2002. Relation formation on the Internet: What's the big attraction? [J]. Journal of Social Issues, 58 (1): 844－848.

Mekenna C J, 1986. The economics of uncertainty [M]. Wheatsheaf Book LTD.

Mendoza R U & Thelen N, 2008. Innovations to make markets more inclusive for the poor [J]. Development Policy Review, 26 (4): 427－458.

Mincer J, 1974. Schooling, experiences and earnings [M]. New York: Columbia University Press.

Miyazaki S, Idota H & Miyoshi H, 2012. Corporate productivity and the stages of ICT development [J]. Information Technology & Management, 13 (1): 17－26.

Mortensen D T & Pissarides C A, 1999. New developments in models of search in the labor market [J]. Handbook of Labor Economics (3): 2567－2627.

Mortensen D, 1970. Job search, the duration of unemployment, and the Phillips Curve [J]. The American Economic Review, 60 (5): 847－862.

Najarzadeh R, Rahimzadeh P & Reed M, 2014. Does the Internet increase labor productivity? Evidence from a cross－country dynamic panel [J]. Journal of Policy Modeling, 36: 986－993.

Nelson R R & Winter S G, 1982. An evolutionary theory of economic change [M]. Boston: Harvard University Press.

Nelson R, 1993. National innovation systems: a comparative analysis [M]. Oxford: Oxford University Press.

Nunn N & Qian N, 2014. U S food aid and civil conflict [J]. American Economic Review, 104 (6): 1630－1666.

Oestreicher S G & Sundararajan A, 2012. Recommendation networks and the long tail of electronic commerce [J]. MIS Quarterly, 36 (1): 65 – 84.

Olsson R, Gadde L E & Hulthén K, 2013. The changing role of middlemen – Strategic responses to distribution dynamics [J]. Industrial Marketing Management, 42 (7): 1131 – 1140.

Panichsombat R, 2016. Impact of Internet Penetration on Income Inequality in Developing Asia: An Econometric Analysis [J]. CMU Journal of Social Sciences and Humanities, 3 (2), 151 – 167.

Penard T & Poussing N, 2010. Internet use and social capital: the strength of virtual ties [J]. Journal of Economic Issue, 44 (3): 569 – 595.

Pissarides C, 1979. Job matchings with state employment agencies and random search [J]. The Economic Journal, 89: 818 – 833.

Porter M E, 2006. On the importance of case research [J]. Case Research Journal, 26 (1): 1 – 3.

Portes A, 1995. Economic sociology and the sociology of immigration: a conceptual overview [J]. The Economic Sociology of Immigration: 136 – 142.

Pradhan R P, Mak B A, Neville R N & Sara E B, 2016. Financial depth, internet penetration rates and economic growth: country – panel evidence [J]. Applied Economics, 48: 331 – 343.

Putnam R D, 1995. Bowling alone: America's declining social capital [J]. Journal of Democracy (6): 65 – 78.

Qi J, Zheng X & Guo H, 2019. The formation of Taobao villages in China [J]. China Economic Review, 53: 106 – 127.

Qi J, Zheng X, Cao P & Zhu L, 2019. The effect of e – commerce agribusiness clusters on farmers' migration decisions in China [J]. Agribusiness, 35 (1): 20 – 35.

Ramlan J & Ahmed E M, 2009. Information and Communication Technology (ICT) and human capital management trend in Malaysia's economic development [J]. Applied Economics Letters, 16 (18): 1881 – 1886.

Richards J B, 2002. Impact of the Internet on consumer human capital [D]. New York: Syracuse University.

Roberts E & Townsend L, 2016. The contribution of the creative economy to the resilience of rural communities: exploring cultural and digital capital [J]. Sociologia Ruralis, 56 (2): 197 – 219.

Robinson P B & Sexton E A, 1994. The effect of education and experience on self-employment success [J]. Journal of Business Venturing, 9 (2): 141-156.

Romer P M, 1986. Increasing returns and long-run growth [J]. Journal of Political Economy, 94 (5): 1002-1037.

Savolainen R & Kari J, 2004. Placing the internet in information source horizons: a study of information seeking by Internet users in the context of self-development [J]. Library & Information Science Research, 26 (4): 415-433.

Savolainen R, 2007. Information source horizons and source preferences of environmental activists: a social phenomenological approach [J]. Journal of the American Society for Information Science & Technology, 58 (12): 1709-1719.

Schultz T W, 1961. Education and economic growth [M]. Chicago: University of Chicago Press.

Schultz T W, 1961. Investment in human capital [J]. The American Economic Review, 51 (1): 1-17.

Schumpeter J A, 1939. Business cycles: a theoretical, historical, and statistical analysis of the capitalist process [M]. New York: McGraw-Hill.

Schumpeter J, 1934. The theory of economic development [M]. Boston: Harvard University Press.

Shen L, 2013. Out of information poverty: library services for urban marginalized immigrants [J]. Urban Library Journal, 19 (1): 4-15.

Shin H B, 2016. Economic transition and speculative urbanisation in China: Gentrification versus dispossession [J]. Urban Studies, 53 (3): 471-489.

Shin I, 2012. Income Inequality and Economic Growth [J]. Economic Modelling, 29: 2049-2057.

Shu Z, Feng L & Jing J, 2020. Internet penetration and consumption inequality in China [J]. International Journal of Consumer Study, 44 (5): 407-422.

Sillence E, Briggs P & Harris P R, 2007. How do patients evaluate and make use of online health information? [J]. Social Science & Medicine, 64 (9): 1853-1862.

Song Y & Liu H, 2019. Internet development, economic level, and port total factor productivity: an empirical study of Yangtze River ports [J]. International Journal of Logistics-research and Applications, 3: 1-15.

Stam W, Arzlanian S & Elfring T, 2014. Social capital of entrepreneurs and small firm performance: a meta-analysis of contextual and methodological moderators [J]. Journal of Business Venturing, 29 (1): 152-173.

Stern M J & Adams A E, 2010. Do rural residents really use the internet to build social capital? An empirical investigation [J]. American Behavioral Scientist, 53 (9): 1389-1422.

Stigler G J, 1961. The economics of information [J]. Journal of Political Economy, 69 (3): 213-225.

Stigler G J, 1987. The theory of price [M]. Macmillan Publishing Company.

Stigler G, 1962. Information in the labor market [J]. The Journal of Political Economy, 70 (5): 94-105.

Teece D J, 2018. Business models and dynamic capabilities [J]. Long Range Planning, 51 (1): 40-49.

Todaro M P, 1996. Economic development [M]. Inc: Addison-Wesley Publishing Company.

Tom M D, 2016. Mobile communication and the Famil-Asian experiences in technology domestication [M]. Dordrecht: Springer.

Tripathi M & Inani S K, 2016. Does internet affect economic growth in sub-Saharan Africa? [J]. Economic Bulletin, 36 (4): 1993-2002.

Wei-Te Hsieh E & Goel R K, 2019. Internet use and labor productivity growth: Recent evidence from the U. S. and other OECD countries [J]. Economic Research and Electronic Networking, 20: 195-210.

Wu Y, Jiang W, Luo J, et al., 2019. How can Chinese farmers' property income be improved? A population-land coupling urbanization mechanism [J]. China & World Economy, 27 (2): 107-126.

Xie L J, Ai W W & Zhang H, 2016. Does the internet accelerate the integration of domestic markets? Evidence from China [J]. Frontiers of Business Research in China, 10 (1): 91-114.

Yan A & Gray B, 1994. Bargaining power, management controland performance in United States-China joint ventures: A comparative case study [J]. Academy of Management Journa, 37 (6): 1478-1517.

Yang J, Huang J, Li N, et al., 2011. The impact of the Doha trade proposals on farmers' incomes in China [J]. Journal of Policy Modeling, 33 (3): 494-452.

Young A, 1928. Increasing returns and economic progress [J]. The Economic Journal, 38 (152): 527 - 548.

Zapata S D, Carpio C E, Isengildina - Massa O, et al., 2013. The economic impact of services provided by an electronic trade platform: the case of MarketMaker [J]. Journal of Agricultural and Resource Economics, 38 (3): 359 - 378.

Zapata S D, Carpio C E, Isengildina - Massa O, et al., 2011. Do internet - based promotion efforts work? Evaluating MarketMaker [J]. Journal of Agribusiness, 29 (1): 159 - 180.

Zapata S D, Isengildina - Massa O, Carpio C E, et al., 2016. Does e - commerce help farmers' markets? Measuring the impact of MarketMaker [J]. Journal of Food Distribution Research, 47 (2): 1 - 18.

Zeng Y, Jia F, Wan L, et al., 2017. E - commerce in agri - food sector: a systematic literature review [J]. International Food and Agribusiness Management Review, 20 (4): 439 - 459.

附录：访谈提纲

【访谈对象】县级领导和干部

1. 目前沭阳县花木产业的整体现状如何？

2. 沭阳县为什么会拥有如此庞大的花木产业？沭阳县发展花木产业的优势是什么？沭阳县花木产业是怎么起步的，经历了怎样的演变过程？

3. 沭阳县花木产业区的信息基础设施从什么时候开始建设，如何不断完善？

4. 沭阳县花木产业与互联网的对接从什么时候开始，如何不断融合？

5. "互联网＋"给沭阳县花木产业以及农户经济和生活带来哪些影响和变化？

6. 如何看待政府在"互联网＋花木产业"发展过程中的角色和作用？

7. 在推动"互联网＋花木产业"发展上沭阳县政府采取过哪些政策措施？为什么出台这些政策措施？取得了怎样的政策效果？

8. 随着"互联网＋花木产业"的快速发展，沭阳县政府对于互联网的认识是否不断发生变化？具体发生了怎样的变化？

9. 沭阳县政府是否积极与平台企业寻求战略性合作？如何看待平台企业对当地产业的"互联网＋"所起的作用？

10. 对于其他地区如何推进互联网赋能"三农"发展，沭阳县有什么好的建议和经验可供借鉴？

【访谈对象】镇级领导和干部

1. 本镇的花木产业从什么时候开始起步？经历了怎样的演变过程？目前的整体现状如何？

2. 本镇发展花木产业有哪些禀赋条件作为支撑？

3. 本镇信息基础设施从什么时候开始建设，如何不断完善？

4. 本镇花木产业与互联网的对接从什么时候开始，如何不断发生融合？

5. "互联网＋"给本镇花木产业以及农户经济和生活带来哪些影响和变化？

6. 如何看待政府在"互联网＋花木产业"发展过程中的角色和作用？

7. 在推动"互联网＋花木产业"发展上本镇政府采取过哪些政策措施？为什么出台这些政策措施？取得了怎样的政策效果？

8. 随着"互联网＋花木产业"的快速发展，本镇政府对于互联网的认识是否不断发生变化？具体发生了怎样的变化？

【访谈对象】村级干部

1. 请简要介绍一下本村的基本情况。

2. 本村的花木产业从什么时候开始起步？经历了怎样的演变过程？目前的整体情况如何？

3. 本村花木电商的发展现状如何？网商规模多大？网商规模逐年发生着怎样的变化？为什么呈现这样的变化？

4. 本村最早从事花木电商的农户是谁？从什么时候开始的？为什么他会成为最早的网商？他具有什么特质吗？他为开网店做过什么准备吗？

5. "互联网＋"给本村花木产业以及农户经济和生活带来哪些影响和变化？

6. 请客观评价和举例说明本村居民的学习能力和创业精神。

7. 互联网激发了本村居民的创业创新活力吗？有哪些典型的例子？

8. 推动"互联网＋花木产业"发展需要政府参与其中吗？政府应该起什么样的作用？政府可以采取哪些政策措施？

【访谈对象】网商代表

1. 您是何时开始开网店的？如何想到开网店的？当时是如何考虑的？能否介绍一下当时的情况？

2. 当时您家里人如何看待您开网店？村里人如何看？周围的环境是否有利于您开网店？

3. 您开网店以后是否影响并带动了其他人也开网店？

4. 您开网店的技术、资金、货源、物流等方面的问题是如何解决的？

5. 互联网是否在学习、社交等方面为您提供了积极的助推？

6. 互联网是否在生产、经营、创新等方面为您提供了积极的助推？

7. 您在开网店的过程中是否得到过政府等相关部门的支持？如果有，在哪些方面？如果没有，为何没有得到？最希望得到政府哪些方面的支持？

8. 您对互联网以及电商平台的功能是如何看待的？

9. 您网店的收入与成本支出情况如何？

10. 开网店以后，您自己觉得在生活及社会地位方面有哪些变化？

11. 开网店以后，别人对您和您家看法有哪些变化？

12. 开网店以后，对当地其他农民和产业发展带来了哪些变化？

13. 您觉得开网店最大的收获是什么？

14. 您认为沭阳花木电商发展这么好的主要原因是哪些？